50 Dinge,
die ein
Norddeutscher
wissen muss

Edel Books
Ein Verlag der Edel Germany GmbH

Projektkoordination: Dr. Marten Brandt
Umschlagfoto: Peter Eichelmann
Gestaltung des Innenteils: Ulf Carstensen
Umschlaggestaltung: Groothuis.
Gesellschaft der Ideen und Passionen mbH | www.groothuis.de

Druck und Bindung: optimal media GmbH, Glienholzweg 7
17207 Röbel / Müritz

Printed in Germany

ISBN 978-3-8419-0248-1

50 Dinge, die ein Norddeutscher wissen muss

Ulfert Becker | Werner Momsen

EDEL

Inhalt

50 Dinge, die ein Norddeutscher wissen muss ...

„Nein ich bin nicht verrück: Dieses Buch habe ich zusammen mit einem Stück Schaumstoff verfasst...“

Einem höchst lebendigen allerdings, mit dem man reden, lachen und Mails austauschen kann. Mit Herrn Momsen eben. Werner Momsen, Hamburgs bekanntestes Klappmaul. Bekannt von der Bühne und aus dem Fernsehen, wo er als Außenreporter des NDR seit geraumer Zeit die norddeutsche Heimat bereist und dabei den Menschen im Land auf die Finger sowie in Kochtopf und Seele guckt. Egal aus welcher Himmelsrichtung man es betrachtet: Wo Momsen ist, ist Norden. Hinter Herrn Momsen ist nun aber nicht etwa Süden, sondern ein schwarz maskierter Mann, den wir hier mal „Detlef“ nennen wollen. Genauer gesagt: Er steckt zur Hälfte in Herrn Momsen drin! So spricht er auch für ihn – denn Schaumstoff hat bekanntlich keine Stimmbänder. Dabei redet Herr Momsen viel: Oft sagt er bereits, was er denkt, bevor er denkt, was er sagt. Er hat sich nämlich im Laufe der Jahre ein beachtliches Halbwissen angeeignet, mit dem er nicht hinter dem Berg hält. Das macht ihn in Unterhaltungen zu einem sehr spontanen Gesprächspartner, der von seinem Gegenüber Dinge erfährt, die dieser oder diese manchmal selbst noch nicht wussten. Ich selbst habe viel Wissenswertes von Herrn Momsen erfahren, was spontan in dieses Buch eingeflossen ist. So flogen von den rund 60 Wissensthemen, die wir vor der Niederschrift zusammengetragen hatten, 20 wieder raus. Dafür kamen 10 neue Themen à la Momsen rein. Zum Glück konnte aber auch ich Werner gelegentlich einige neue Informationen bieten – sonst hätte er dieses Buch ja auch ohne mich schreiben können. So ist es eine tolle Zusammenarbeit geworden, bei der wir am Ende gar nicht mehr sagen können, wer nun welches Kapitel verfasst hat. Herr Momsen schreibt inzwischen wie ich, ich wie Herr Momsen ... und der geheimnisvolle Detlef hat natürlich auch etliches beigetragen. Da haben sich drei waschechte Norddeutsche unter einem sehr glücklichen Stern getroffen, um über die wissenswertesten Dinge des Nordens ein Buch zu machen. Wobei ich immer wieder über den Herren aus weißem Schaumstoff staunen musste: Er betrachtet das Leben durch die Momsen-Brille, eine Brille mit ganz besonderem Blickwinkel, mit der er Sachen sieht, die nur er sehen kann. Und er hat einen Humor, der wesentlich trockener ist als das Wetter seiner Heimat. Er ist immer neugierig und immer mittendrin, da wo das Leben spielt und wo die Menschen sich treffen. So war es mir eine Ehre, mit Werner Momsen durch den Norden zu fahren, mit ihm die Orte, über die Sie hier lesen können, zu besuchen – und dabei ein wenig an seinem persönlichen Universum teilzuhaben. Ein besonderer Dank auch an Detlef, der uns nicht nur in seinem wunderbaren Oldtimer chauffiert hat, sondern auch ansonsten ein großartiger Mitstreiter war.

Aber was erzähle ich hier alles – wo es doch zu den norddeutschen Tugenden gehört, einfach mal den Sabbel zu halten ... Viel Spaß bei der Lektüre!

Ulfert Becker, Juli 2013

Nicht ein Autor allein, sondern gleich drei: Ulfert Becker, Werner Momsen und Detlef Wutschik (v. l. n. r.)

Wie das Wetter ist

Es ist eine lauschige Maiennacht.

Lauschig ist sie aber nur deshalb, weil wir gerade eben die Heizung angestellt haben. Draußen prasselt ein Dauerregen, das Thermometer zeigt 9° C. Noch vier Wochen bis zum Sommeranfang – aber das Wetter unterscheidet sich kaum von jenem, das wir bereits Ende Februar hatten.

Ein Südländer, der hier im Norden zu Gast sein mag, beginnt nun irgendwann, nach den übrig gebliebenen Psychopharmaka seines letzten Depressionsanfalls zu suchen. Oder nach der Pistole, mit der sich schon sein Onkel das Leben nahm. Oder er bucht einen Flug, der ihn einfach wieder nach Süden bringt.

Der Norddeutsche hat all dies nicht nötig. Er geht einfach ins Internet, schaut auf die Statistiken – und sieht, dass dort, wo er gerade ist, einfach der tollste Platz zum Leben ist. Weil es an anderen Orten nämlich noch viel schlimmer sein kann. In München zum Beispiel.

Von wegen „sonniger Süden"! Die Münchner haben genauso viele Regentage wie die Hamburger, 133 pro Jahr – sagt der Deutsche Wetterdienst, und hat noch mehr Überraschendes zu bieten: In München gehen nämlich fast 970 Liter Niederschlag pro Quadratmeter und Jahr herunter, in der Hansestadt sind es nur lächerliche 770 Liter. Der Nordmensch wundert sich fast, dass die Bajuwaren noch nicht abgesoffen sind – bei soviel Wasser und ganz ohne Deiche ... Am schlimmsten sind in Deutschland allerdings die Wuppertaler dran: Denen tropfen pro Jahr statistische 1154 Liter auf den Kopf.

Und von wegen, der Norden sei kalt!

Angenehme 17,6 °C Durchschnittstemperatur haben wir hier – im Juli. Das ist doch geradezu tropisch angesichts der –45,8 °C, die am Heiligabend 2001 im bayrischen Funtensee herrschten.

Kälter war es seit Beginn der Wetteraufzeichnungen in ganz Deutschland allerdings noch nicht. Bei den Menschen, die anderswo auf dem gleichen Breitengrad wie wir wohnen, jedoch schon: Am Baikalsee in Sibirien zum Beispiel soll es im Winter ja empfindlich kalt werden – bis zu –50°C. Genauso in Alaska – das liegt auch auf der gleichen Höhe wie Norddeutschland.

Kuschelige Wärme also in Norddeutschland – dem Golfstrom sei Dank! Und wenn es auch nur mal 9° C im Mai sind – selbst dabei würde so mancher Sibirier ja schon ins Schwitzen kommen.

Dann aber erst unsere gute Luft!

Mit ihren herrlichen Aromen von Seesalz, fruchtbarem Landboden, grünen Blättern und Regentropfen! Gut aufgerührt durch die Winde, die ständig über unsere Tiefebene streichen – und allen Schiet in der Luft vornehmlich nach Südosten blasen. Feinstaub z.B. – da weiß der Norddeutsche doch erstmal gar nicht, was damit gemeint ist. Und warum er für sein Auto irgendeine Plakette braucht ...

Dann aber recherchiert er im Internet – und findet eine Karte zu dem Thema. Rot und Gelb sticht es ihm in die Augen – Hilfe, ganz Deutschland ist feinstaubverseucht!

Nein, nicht ganz Deutschland ... die norddeutsche Tiefebene ist mit sanftem Hellblau koloriert. Hier lässt es sich durchatmen! Na gut, ganz da unten, in den Alpen, auch. Aber da ist es ja viel kälter als hier, es kommt mehr Regen runter und Berge sind da auch noch... Nee, nee, denkt sich der Norddeutsche: Der tollste Platz ist doch genau hier, wo er immer schon gelebt hat!

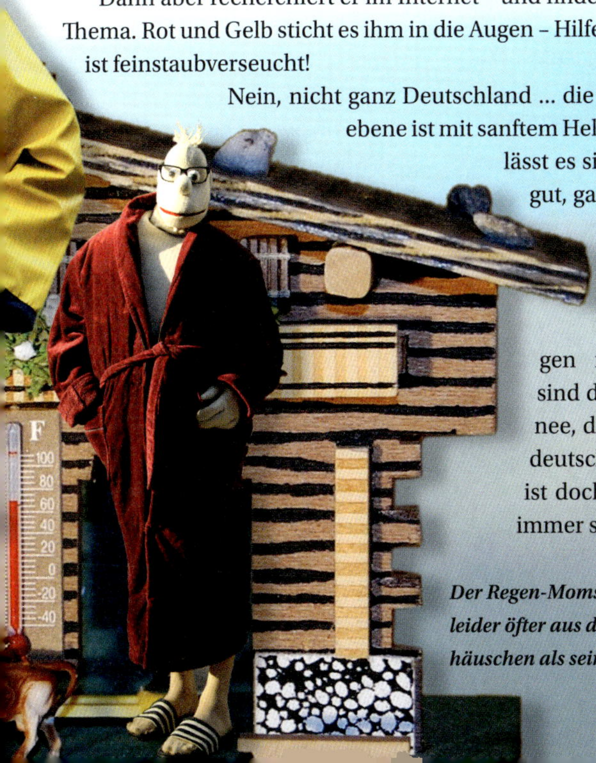

Der Regen-Momsen kommt im Norden leider öfter aus dem Barometerhäuschen als sein Sonnen-Kollege

Was die Römer im Watt machten

Als die Römer frech geworden – simserim simsim simsim
Zogen sie nach Deutschlands Norden – simserim simsim simsim
vorne mit Trompetenschall – Terätätätäterä
ritt der Generalfeldmarschall – Terätätätäterä

So beginnt ein Studentenlied aus dem 19. Jahrhundert, in dem in humoristischer Form das vermeintliche „Gastspiel" der lateinischen Kultur in Norddeutschland dargestellt wird.

Ein ausgesprochen kurzes Gastspiel, wenn man an die allgemein überlieferte Geschichte vom „unbesiegten Norddeutschland" glaubt. Danach kamen die imperialen Sturmtruppen im Jahre 9 n. Chr. in den Teutoburger Wald, wo die angesäuerten Germanen bereits auf sie warteten. Eine Schlacht, mal eben drei Legionen vernichtet ... und schon konnten die blonden Nordmänner mit den Hörnern an den Helmen in ihre Torfhütten zurückkehren, um sich dort wieder entspannt dem ungezügelten Metkonsum zu widmen. Die Römer trauten sich nie wieder her.

Dem siegreichen Anführer der germanischen Krieger, Arminius (Freunde dürfen auch „Hermann der Cherusker" zu ihm sagen), wurde zum Dank ein riesiges Denkmal errichtet – allerdings erst knapp 1900 Jahre später und zudem noch nicht einmal in einem der „geretteten" Nordländer selbst, sondern rund 20 Kilometer vor der Landesgrenze zu Niedersachsen, nahe dem Nordrhein-Westfälischen Detmold.

Aber ganz so einfach ist die Geschichte denn doch nicht – zumal gerade in den letzten Jahren ganz neue, unerwartete Forschungsergebnisse ein neues Licht auf die Ereignisse werfen.

Beginnen wir jedoch ganz von vorn: So um Christi Geburt hatte sich das Römische Reich bis zum Rhein und zur Donau ausgedehnt. Trier war eine veritable Großstadt, in Mainz und Xanten, Augsburg und Kempten entstanden große Militärstützpunkte.

Fröhlich marschierten die Legionen jedoch auch nördlich dieser Linie herum – die natürliche Grenze war für sie erst die Elbe. Vereinzelter Widerstand der unorganisierten Ureinwohner wurde von der perfekten Kriegsmaschinerie in der Regel spielend niedergewalzt.

Damit machten die römischen Truppen den Weg frei für Händler und Prospektoren. Man hoffte nämlich, in diesem wilden Germanien neue Absatzmärkte zu erschließen – und Bodenschätze zu finden.

Kurz nach der Zeitenwende war zumindest Niedersachsen also drauf und dran, eine ganz normale römische Provinz zu werden.Doch dann kam der Aufstand des Arminius dazwischen. Geschickt war es diesem

Alarm! Die Römer kommen!

Fürsten, der wahrscheinlich in der römischen Armee ausgebildet worden war, gelungen, die Warlords der einzelnen Germanenstämme zu einem gemeinsamen Angriff auf die Invasoren zusammenzubringen – und damit die Römer zu überrumpeln.

Fakt ist, dass in der sogenannten Varusschlacht im Teutoburger Wald drei römische Legionen – also ca. 20.000 Mann – vernichtet wurden. Wo allerdings diese Schlacht genau stattfand, ist bis heute umstritten.

Fakt ist auch, dass dieser Streich das römische Imperium in seinen Grundfesten erschütterte – die siegesgewohnte Supermacht war ausgerechnet von einer Horde Wilder geschlagen worden! Und nun lag die gesamte Nordgrenze ungeschützt da ...

Hier beginnt nun das unbekanntere Kapitel der norddeutschen Römer-Geschichte. Die Varusschlacht war nämlich erst der Anfang eines gewaltigen Krieges: Das Imperium schlug zurück! In den folgenden Jahren marschierten etliche weitere Legionen gen Norden, denen Arminius und seine Gefolgsleute nur mit Mühe standhalten konnten. Der Höhepunkt der Auseinandersetzung fand im Jahre 16 statt.

An der Nordseeküste tauchte wie aus dem Nichts eine gewaltige römische Flotte auf. Rund 1300 Schiffe waren es wohl insgesamt: Truppentransporter, Kriegsgaleeren und kleine, wendige Patrouillenboote für die Flüsse. Nahe dem heutigen Leer entstand ein riesiger Brückenkopf. Bis zu 90.000 Legionäre, 20.000 Pferde und Unmengen an Material wurden hier ausgeschifft, ein Teil der Flotte zog weiter gen Norden.

Der Befehlshaber dieser Streitmacht, Claudius Germanicus, hatte eine neue Strategie: Er wollte mit seinen Booten Kontrolle über die Flüsse erlangen, so den Feind schwächen und ihn dann mit seinen Legionen vernichtend schlagen. Auf Ems, Weser und Elbe wimmelte es in diesem Jahr also nur so vor römischen Söldnern!

Den Aufständischen wurden denn auch empfindliche Verluste beigebracht – zu einer Entscheidungsschlacht kam es jedoch nicht. Entnervt wollen sich die Römer Ende des

So ungefähr müsste Germanicus auf Borkum ausgesehen haben

Jahres auf dem Seeweg in ihre Winterquartiere im Süden zurückziehen, als die Katastrophe geschieht: Eine Springflut bringt viele Schiffe zum Kentern, andere treiben ab. Germanicus kann sich auf die Insel Borkum retten und koordiniert von dort die Rettungsaktionen ...

Ein Zenturio wie aus einem Asterix-Comic, der aufgeregt zwischen den Borkumer Dünen herumflitzt? Legionäre, die ihre Sandalen im Watt verlieren – wie Badegäste heute ihre Gummistiefel? Und römische Patrouillenboote, die mit einer MG-ähnlichen Wurfmaschine an Bord die Elbe entlangschippern? Das klingt merkwürdig – war aber Realität.

Man kann davon ausgehen, dass unter Flussschlick und Ackerboden des Nordens noch abertausend Galeerenreste, Uniformstücke, Henkeltöpfe und sonstiger Tinnef des Imperium Romanum verborgen liegen.

Offiziell wurde die römische Invasion nach Norddeutschland kurz nach dem Flottendebakel eingestellt und nie wieder ein Plan gefasst, die Mettrinker erneut zu stören. Zumindest wird nirgendwo in den römischen Annalen darüber berichtet.

Daher war es die archäologische Sensation des Jahres 2008, als man bei Kalefeld, am Fuße des Harzes, etliche Artefakte entdeckte, die darauf hinweisen, dass auch hier eine große Schlacht zwischen Römern und Germanen getobt haben muss. Und zwar über 300 Jahre nach der Varusschlacht!

So ganz konnte die Supermacht vom Tiber also doch nicht von ihrem Traum nach klarer Nordluft lassen. Aber offenbar hatten die Legionäre immer wieder von den unbeugsamen Norddeutschen auf den Helm bekommen, sonst hätte man nämlich schon längst auf irgendeinem Steinblock in Rom eine Schlagzeile à la „Glorioser Sieg in Nordgermanien!“ gefunden.

Was sich genau hier alles zugetragen haben mag, liegt jedoch im Dunkeln – denn die Altvorderen des Nordens konnten zwar viel Met saufen, aber leider nicht schreiben ...

Warum Platt eine eigene Sprache ist – oder auch nicht

Hessisch, Bayrisch, Badisch, Sächsisch ... all das sind Dialekte, also regionale, mundartliche Einfärbungen des Deutschen. Plattdeutsch (besser eigentlich: Niederdeutsch) jedoch ist eine ganz eigene Sprache.

Zumindest behaupten das jene rund 4 Millionen Menschen, die „op Platt snacken“ – also die Muttersprachler. Ein paar Sprachwissenschaftler halten allerdings dagegen, dass Platt nicht sooooo weit weg vom allgemeinen Deutschen entfernt sei, dass man es als eine eigene Sprache ansehen könnte.

Nun, darüber lässt sich streiten: Immerhin hat Nedderdüütsch eine Grammatik, die sich ziemlich von der Hochdeutschen unterscheidet, eine ganze Menge eigene Worte, die sich eher im Niederländischen (was ja anerkanntermaßen eine eigene Sprache ist!) als im Hochdeutschen wiederfinden lassen, und sogar ein paar Laute, die kaum kein Mensch sonst verwendet.

Der harmoniebedürftige Norddeutsche gibt im Zweifelsfall jedoch gerne zu, dass Plattdüütsch ein „interessanter Grenzfall" zwischen eigener Sprache und Dialekt sei. Und freut sich insgeheim einfach nur, dass zum Beispiel ein Bayer sich zwar zur Not mit einem Sachsen im jeweiligen Dialekt verständigen kann, bei einem Plattsnacker aber vermutlich schnell resigniert – und vielleicht lieber auf Englisch ausweicht.

Büten blank – binnen kraank

Außen blank – innen krank

Ein nordfriesischer Bauer z.B. kann mit einem Engländer durchaus via Platt kommunizieren – weil die Sprachen einen gemeinsamen Ursprung haben: Das Altsächsische.

Dieses hat wenig mit der heutigen Region „Sachsen" zu tun. In der Völkerwanderungszeit, also vor bummelig 1600 Jahren, lebte ein gleichnamiger germanischer Volksstamm ungefähr in der Region des heutigen Holsteins. Irgendwann begannen dann diese Stammeskrieger, ihr Siedlungsgebiet in sonnigere Gefilde auszudehnen. Südlicher Stopp war erst bei den Mittelgebirgen – die dem Flachländer offenbar schon damals ein Graus waren. Im Westen war mit dem Ijsselmeer die natürliche Grenze der Expansion erreicht, im Osten hielten die Slawen die Volksbewegung auf.

Weil ihre (Aus-)Wanderlust damit aber noch nicht befriedigt war, stiegen etliche Sachsen zusammen mit den Angeln, ihren Nachbarn aus der Region um Schleswig, auf ihre Schiffe und fuhren nach England, um sich dort anzusiedeln. Als „Angelsachsen" bezeichnen wir die Engländer ja noch heute.

Aus diesem Grunde ist die Sprache der „Cousins auf der Insel" sehr eng mit dem Platt verwandt. Allerdings flossen ins Englische noch viele weitere Idiome ein: Nach den Sachsen kamen die Wikinger aus Skandinavien als Eroberer, ab dem Jahre 1066 die Normannen aus Frankreich. Mal ganz abgesehen davon, dass auch die keltische Urbevölkerung sowie die Nachfahren der alten Römer, die dort drei Jahrhunderte ansässig waren, weiterhin etwas zu sagen hatten.

Im Norden Deutschland jedoch geschah lange ... einfach nichts. Keine Invasion, keine Sprachexperimente, kein anderes Bier.

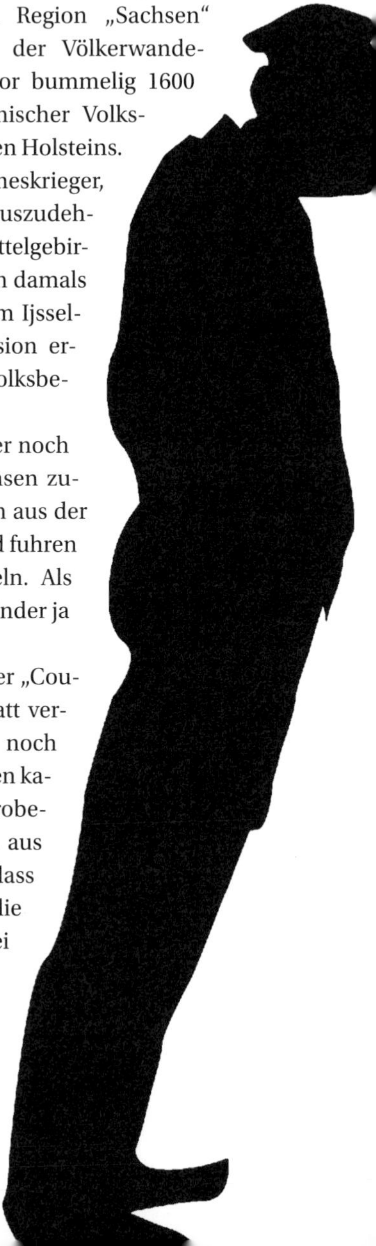

Das Niederdeutsche blieb einfach so, wie es war.

Damit separierten sich die Nordmenschen von der Sprachentwicklung der restlichen germanischen Stämme, bei denen zwischen dem 6. und dem 9. Jahrhundert die sogenannte Zweite Lautverschiebung stattfand: Zum Beispiel wurde aus dem „p“ ein „f“, aus dem „t“ ein „s“ oder aus „th“ ein „d“ – alles Dinge, die den Klang des Hochdeutschen noch heute prägen.

Aber so einen neumodischen Kram wollte im Norden keiner haben.

Wozu auch? Niederdeutsch – dieser Name bezieht sich tatsächlich auf die Region des flachen Deutschlands – sprachen doch viele! Es war im Mittelalter sogar offizielle Handelssprache der Hanse: Zwischen Hull in England, Riga im Osten, Bergen im Norden und Antwerpen im Süden befleißigte man sich bis ins 16. Jahrhundert hinein des Plattdeutschen. So wie heute Englisch und wahrscheinlich bald Chinesisch die Verkehrssprachen des internationalen Handel sind.

Abendrood mookt Weer good

Abendrot bedeutet gutes Wetter

Mit dem Niedergang des Handelsbundes jedoch und der parallel damit einhergehenden Globalisierung kam mehr und mehr das Hochdeutsche, das Martin Luther geprägt hatte, in Gebrauch. Es galt als Sprache der Gebildeten.

Plattdüütsch aber wurde degradiert und zur Sprache des „einfachen Volkes“ – darauf bezieht sich auch das „Platt“ in dem Wort an sich: Es bedeutet im Niederländischen, aus dem der Begriff stammt, nicht so sehr „flach“ (für die Landschaft), sondern vielmehr „einfach“ (für das gemeine Volk). Was aber selbst heute die Menschen im Norden nicht davon abhält, untereinander munter in dieser kraftvollen, uralten Sprache zu schnacken.

Rein juristisch hat das Niederdeutsche sogar einen gewissen Artenschutz: In Schleswig-Holstein darf man Anfragen an die Behörden auch op Platt stellen, und diese müssen op Platt antworten. Und wenn man etwas beim bundesdeutschen Patentamt anmelden will, darf die Gebrauchsanweisung für die Erfindung gern in Niederdeutsch sein. Allerdings muss dann eine beglaubigte hochdeutsche Übersetzung beiliegen.

Was übrigens wiederum beweist, dass Platt eine eigene Sprache ist …

Du büst ’n oln Klookschieter

Du bist ein alter Besserwisser

Warum beim Radfahren der Wind immer von vorne kommt

Wir Norddeutschen sind bekanntlich keine Jammerlappen, wenn es um das Wetter geht. Touristen zweifeln ja oft stark daran, dass wir hier wirklich vier Jahreszeiten haben – sie erleben den Norden dauerhaft als kalt und grau. Aber auch als Einheimischer erlebt man die Sommerzeit oft nur auf der Uhr und Fön nur im Badezimmer. Macht nichts. Wenn denn der Sommer kommt, freuen wir uns einfach – dann wird der Regen nämlich wärmer!

Nur ein Phänomen macht auch uns wirklich zu schaffen: Dass der Wind beim Fahrradfahren tatsächlich immer von vorne kommt. Und zwar häufig mit einer Kraft, dass man kaum von der Stelle kommt. Woran liegt das? Hat da Aeolos, der Gott des Windes, seine Lungen mit im Spiel? Oder ist das der gerechte Ausgleich des Schöpfers dafür, dass die Süddeutschen ihre Berge haben, an denen sie sich abstrampeln müssen?

Aber nein, das ganze hängt nicht mit Petrus, sondern mit der Physik zusammen. Beim Fahrradfahren gibt es nämlich den wahren Wind und den Fahrtwind. Wenn der Radfahrer zu Hause losfährt, hat er noch die Chance, dass der Wind aus allen Himmelrichtungen kommen kann. Also nicht gleichzeitig, sondern entweder – oder. Das ist der wahre Wind. Der kommt schon oft genug von vorn, also von daher, wo man hin will. Und da er in der norddeutschen Tiefebene wenig ernst zu nehmende Hindernisse findet, kann er mit einem guten Wumms hier durchblasen.

Wenn der Radler sich nun aber in Bewegung setzt, kommt noch ein neuer Wind auf: Der Fahrtwind. Dieser weht – bei normalsterblichen Radfahrerinnen und Radfahrern zumindest, bei Windgöttern weiß ich das nicht so genau – immer genau von vorne. Bei gemütlichen Fahrten zur Apotheke oder zu Giselas Kaffeenachmittag fällt er einem noch nicht groß auf; je mehr man aber in die Pedalen tritt, desto schlimmer wird er. Seine Kraft steigert sich proportional zur eigenen Geschwindigkeit. Wenn man durch sein Strampeln zu viel von dieser Gegenwindkraft erzeugt, dann merkt man nichts mehr von dem linden Lüftchen, das gerade beim Losfahren noch von rechts kam (und das eigentlich ja der wahre Wind ist). Der gefühlte Wind kommt dann knallhart von vorn. Ganz schlimm ist es, wenn wahrer Wind und Fahrtwind beide aus Norden kommen. Dann sollte man lieber die Richtung ändern oder gleich ´ne Taxe nehmen.

Wind von vorn! Zum Glück hilft der Schwarze Mann beim strampeln

Eine einsame Duckdalbe bei Sonnenuntergang

Was Duckdalben sind

Als ich zu Einbruch der Dämmerung so dicht am Wattenmeere entlang ritt, da huschte ein graues Geflügel auf und zog nun neben dem Wasser einher. Ein Schwarm Duckdalben war es, des Vogelrufen in der Ferne langsam verklang. Ein letzter Hall noch – dann schweiget auch der Wind.

(Th. Sturm, „Am grauen Meer", 1864)

Die Duckdalbe (lat: duckdalbis vulgaris) gehört zur Familie der Regenpfeifervögel und ist ein langflügeliger, meist hellgrau gefärbter Schwimmvogel mit kräftigem, roten Schnabel und gelben Krallen, zwischen deren Vorderzehen sich Schwimmhäute befinden.

Er kommt vor allem an den Meeresküsten von Schleswig-Holstein, Niedersachen und Mecklenburg-Vorpommern, zum Teil aber auch an den nahe gelegenen Binnengewässern und Flüssen sowie in den Grenzgebieten der Nachbarländer vor. Die Duckdalben sind untereinander sehr gesellig und brüten häufig in Kolonien. Sie ernähren sich von Unwissen aller Art, vor allem aber von der Phantasie jener, die glauben, es handele sich hier wirklich um einen Vogel ...

Sie sehen, lieber Leser: Man kann den „Südländern" über Duckdalben viel Unfug erzählen! Für Sie als echten Norddeutschen war der Begriff sicherlich einer der ersten, den sie überhaupt erlernt haben, nicht wahr? So eine Gruppe von ins Wasser gerammten Pfählen, an denen man im Hafen die Schiffe festmacht – weiß man doch!

Gut, es gibt auch ein paar Leute, die sagen „Dalbe", „Dalle", „Düükdalv" „Dälbe" oder noch anderes dazu. Aber die meisten dieser Pfähle stehen nun mal in Hamburg – und da sagt man zu den Dingern eben Duckdalbe.

Ursprünglich stammt der Begriff jedoch nicht aus dem Hamburger Platt, sondern aus der anderen großen Seefahrersprache, dem Niederländischen. Darin bedeutet ducken nämlich sich neigen, eintauchen. Und dallen sind einfach: Pfähle. Was zusammengenommen so etwas wie eingetauchte Pfähle ergibt – worum es sich ja auch tatsächlich handelt.

Duckdalbe klingt aber besser als Tauchpfahl – oder?

Exotisch, speziell, etwas spleenig ... also genau so, wie der Norddeutsche mit seinem feinen Sprachgefühl einen Fachausdruck schätzt!

Gerne treibt er damit seinen Schabernack – wie z.B. eingangs bei dem kleinen Spaß mit dem Zitat (es gibt einen Theodor Storm als Autor – von einem Th. Sturm ist allerdings nichts bekannt!) und dem ornithologischen Fachgesimpel.

Hübsch ist auch der folgende Duckdalben-Fall: Auf einem Schriftstück aus dem Jahre 1740 werden die schnöden Pfähle mit keinem Geringeren als dem Herzog von Alba – besser bekannt als Duque d'Alba bzw. Duc d'Alba – in Verbindung gebracht. Dieser hatte Mitte des 17. Jahrhunderts im Auftrag der Spanischen Krone einen Aufstand in den Niederlanden (damals zu Spanien gehörig) brutal niedergeschlagen und danach das Land mit äußerst fester Hand regiert. Ein paar Jahrzehnte später nun erhielt er posthum von den Hamburgern die fragwürdige Ehrung, dass sie ihre Festmacher im Hafen spöttisch Duc d´Alben nannten ...

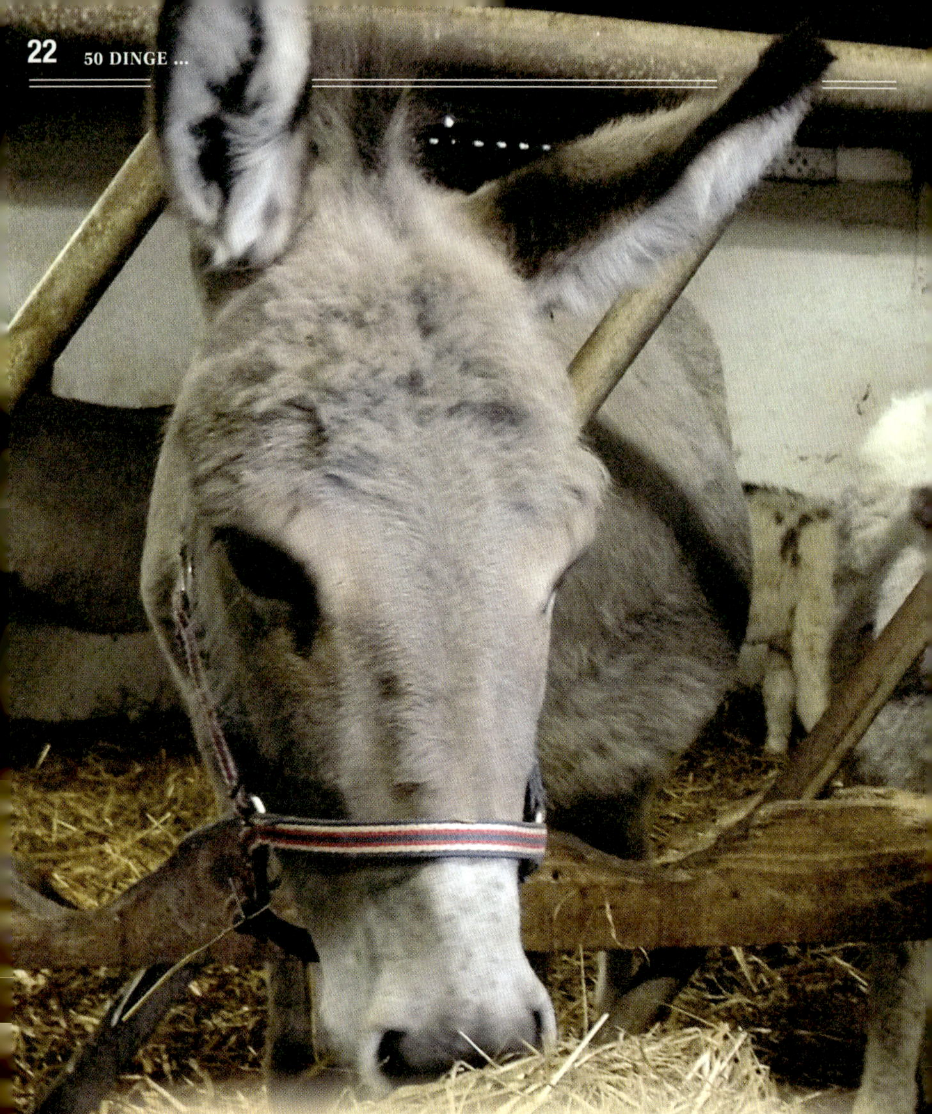

Wie man mit Eseln singt

Esel kann man nicht überreden, sondern nur überzeugen“, sagt Friedrich August zu mir, als ich mich bei ihm zur Deutschen Meisterschaft im „I-AAH“-Rufen anmelde. Und Friedrich muss es wissen, denn er und seine Familie betreiben seit 40 Jahren den Eselpark Nessendorf an der Ostsee, nahe der Hohwachter Bucht. Friedrich August ist Hauptesel in der zweiten Generation und Erfinder dieses illustren Wettstreits, bei dem man um die Gunst eines Esels buhlt und sich dabei richtig schön zum Affen macht.

Wer Cesars Gunst gewinnt, gewinnt auch die Meisterschaft

Juror der ganzen Sache Veranstaltung ist Cesar, Friedrichs bestes Pferd, Tschuldigung, bester Esel im Stall. Wenn einer weiß, wie es geht, dann er. Bei einem ersten Rundgang durch die Stallungen kann ich mich schnell davon überzeugen, wie Cesar in bester Chorleiter-Manier seine Artgenossen reihenweise zum Mitschnacken und Singen bringt. Er trifft scheinbar immer den richtigen Ton. Ob ich den finde, wage ich inzwischen zu bezweifeln, denn was die Jungs da im Stall raushauen, da ziehe ich aber echt den Elbsegler vor!

Ein erster Blick auf meine Mit-

konkurrentinnen und Konkurrenten verschafft mir leider keinen Aufschluss über meine Chancen auf den deutschen Meistertitel. Die sehen alle ganz normal aus und zeigen keine besonderen Affinitäten zu Eseln und Eselinnen.
Als Erstes verteilt Friedrich einen kleinen Schluck Eselsmilch – gegorene versteht sich … Die löst die Stimme und die ersten dummen Sprüche

Reiten auf dem Jurychef – mach' das mal in einer Casting-Show!

machen die Runde. Die Spielregeln sind ziemlich einfach: Jeder hat die Buchstaben „I",„A" und „H" zur Verfügung und soll sie so miteinander kombinieren, dass der Ruf Cesar zum Zurückrufen animiert. Nur wenn ihm unser „I-A" gefällt, macht der das. Das Rufen ist nämlich nicht bloß blöde Anmache, sondern ein richtiger Balzgesang. Also bei den Eseln zumindest …
Wen Cesar also am schärfsten von uns findet, der hat gewonnen.
Es geht auch gleich schon sehr fulminant los mit Mandy, die Cesar nicht nur ruft, sondern förmlich anfleht. Aber auch wenn es sich fast schon so anhört, als wäre das nicht erst das Vorspiel, sondern schon der Hauptakt, zeigt Cesar keinerlei Regung. Auch Rüdiger, dessen „I-A" sich so anhört, als hätte er zur Vorbereitung mit rostigen Nägeln gegurgelt, lässt ihn völlig kalt. Elke versucht es auf die sanfte Tour und haucht ihm ihr „I" und „A" wie ein Liebeslied entgegen. Doch selbst ihr lasziver Augenaufschlag vermag ihn nicht aus der Reserve zu locken.
Tom versucht es auf Englisch – und ich frage mich langsam, wo ich hier bloß hingeraten bin? Ob deren Eltern eine Vorstellung davon haben, was ihre Sprösslinge da treiben? Friedrich meint, das erinnere ihn an die Schwangerschaftsvorbereitung und den zugehörigen Hechelkurs. Und dann kommt Birgit. Wenn die nicht so unscheinbar aussehen würde, hätte ich gesagt, dass ist ´ne Professionelle! Jetzt noch ´ne Telefonnummer einblen-

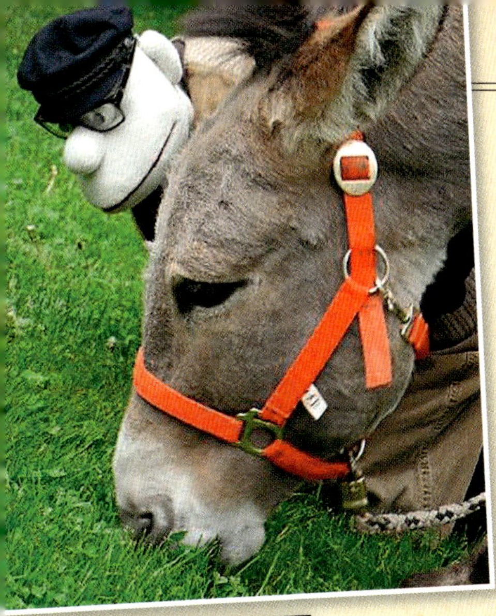

Gutes Essen hält Leib und Stimme zusammen

den, und die könnte sich gut ein paar Euros hinzuverdienen. Aber Ceasar ruft nicht zurück. Und dann bin ich an der Reihe. Ich versuche es mit der richtigen Atemtechnik. Zum Stallboden einatmen und zu Cesar hin ausatmen. Drei „I-A“s schaffe ich, dann wird die Luft dünn. So, und was sagt Cesar? War es das? Für mich hat es sich angehört wie eine alte Hupe, aber was weiß ich denn, auf was der alte Esel steht? Nix, scheint ihm schietegal zu sein, was wir da machen.
Die erste Runde hat also keinen Sieger gebracht. Friedrich redet noch mal auf seinen Schützling ein, und dann geht es in die zweite Runde. Mandy gibt noch mal alles und legt sich dermaßen ins Zeug, dass Cesar zwar nicht zurückruft, aber wenigstens anfängt zu lachen und damit Mandy zur deutschen Meisterin macht! Völlig zu Recht, wie wir uns alle eingestehen müssen.

Als alle weg sind, nehme ich mir Cesar noch mal zur Brust und versuche es zu guter Letzt mit einem Rendezvous unter vier Augen. Mein sportlicher Ehrgeiz ist geweckt. Ich erzähle ihm von Hamburg, von Autos, von meinen Hobbys, und als ich damit rausrücke, dass ich eigentlich im Chor singe, ist endgültig das Eis zwischen uns gebrochen und er beschenkt mich mit dem schönsten „I-A“, das der Eselpark je zu hören bekommen hat.
Tja, und dann sind wir beide erst mal ´nen Kaffee trinken

Ehren-Esel: Die Sieger der Meisterschaft

Wann man was anbrennen lässt

Fast überall auf der Welt wird gerne gezündelt: Bei den Osterfeuern am Elbstrand, den Sonnenwendfeuern auf den Alpenkämmen, beim Burning Man Festival in Nevada und beim Regenwaldroden in Brasilien. Die meisten dieser Feuer-Happenings finden in der warmen Jahreszeit statt, in der man sich den eh schon lauschigen Abend mit wärmender Glut noch etwas kuscheliger gestaltet. Nur in Nordfriesland ist das alles etwas anders: Beim Biikebrennen. Dieses findet nämlich traditionell am 21. Februar statt. Was wieder einmal beweist, dass es für einen echten Norddeutschen kein schlechtes Wetter gibt, nur das falsche Getränk. Entlang der Küste zwischen St. Peter Ording und Sylt werden überall Scheiterhaufen errichtet, die in jener besonderen Februarnacht in Flammen aufgehen sollen – eine clevere Art der Friesen, ihre alten Weihnachtsbäume und die Berge zerknüllten Geschenkpapiers zu entsorgen. Manchmal kommt es allerdings gar nicht erst zu der rituellen Restmüllverbrennung. Es gehört nämlich zu den schönen Traditionen, den Holzstoß des konkurrierenden Nachbardorfs bereits vor der eigentlichen Biikenacht abzufackeln.

Der Ursprung des Biikebrennens liegt im Dunkeln. Vermutlich geht es auf einen heidnischen Ritus zurück, mit dem Odin besänftigt, die Wintergeister ausgetrieben und die neue Saat geschützt werden sollten. Mancherorts ist es noch heute üblich, Strohpuppen, die den Winter symbolisieren sollen, auf den Biikehaufen zu verbrennen – eine Art friesischer Vodoo-Zauber also. Wenn Weihnachtsbäume und Strohmänner nur noch Glut sind, endet der Winter offiziell in Friesland – was angesichts des Klimas dieser Region, bei dem sogar im April Schneetreiben möglich ist, recht optimistisch gedacht ist. Aber erwähnten wir nicht bereits, dass es für einen Norddeutschen kein schlechtes Wetter gibt? Neben der meta-

physischen Bedeutung hatten die Feuer entlang der Küste in späteren Jahren noch einen ganz praktischen Nutzen: Der 22. Februar war Petri-Tag – jener Tag also, an dem die Schiffe nach der Winterpause wieder auslaufen durften. Für die Seeleute waren die Leuchtzeichen – nichts anderes bedeutet Biike auf Hochdeutsch – entlang der Küsten dabei eine gute Navigationshilfe und zugleich ein letzter Abschiedgruß von den Lieben daheim. Böse Zungen behaupten, dass die Matrosenfrauen auf den Inseln mit den Feuern zeitgleich auch in die andere Richtung, zu den Männern auf dem Festland, ein Signal sendeten: „Jungs, jetzt ist hier erst mal wieder sturmfreie Bude! Und wir sind ja soooo allein!" Aber das ist bestimmt nur pure Verleumdung.

Ende des 19. Jahrhunderts, als die Küsten durchgehend mit Leuchttürmen ausgestattet waren und die Inselbewohner anstelle von Walen lieber Touristen an den Kanthaken nahmen, schlief die Tradition des „Lagerfeuers am Meer" eine Weile fast vollständig ein. Erst Mitte des 20. Jahrhunderts wurde sie – nun in der Scheiterhaufenvariante – wiederbelebt. Ein Spektakel für Einheimische wie für die Urlauber, die außerhalb der Saison hier etwas erleben wollen. Und ein schönes Warm-up für das traditionelle Grünkohlessen im Anschluss, das den Gasthäusern Frieslands guten Umsatz beschert. Aufgrund dieses positiven ökonomischen Nebeneffekts wird das Biikebrennen seit Neuestem sogar in anderen Regionen kopiert: Jetzt brennen die winterlichen Leuchtfeuer sogar schon an der Ostsee! Ein Ärgernis sondergleichen für die stolzen Friesen, eine Schmach für den ganzen Stamm. Da ihr heimlicher Nationalfeiertag aber nicht markenrechtlich geschützt ist, können sie nichts dagegen unternehmen. Bleibt ihnen also eigentlich nur das, was sie auch zu Hause machen: Heimlich den Scheiterhaufen der verfeindeten Nachbarn vor der eigentlichen Feuerparty in Brand zu setzen!

Wann man den Sabbel halten zu halten hat

Es wird den Norddeutschen nachgesagt, dass sie nicht besonders redefreudig – mit anderen Worten: maulfaul seien.Da ist wohl auch was dran.

Treffen sich zwei, ist folgender Wortwechsel nicht ungewöhnlich:

„Na?"

„Muss ja!".

Ein klassischer norddeutscher Dialog, der den Kommunikationspartnern in der Regel völlig genügt.

Ist einer in besonderer Plauderlaune, dann fragt er vielleicht noch:

„Und selbst?"

„Muss ja auch", ist die standardmäßige Antwort.

Man kann das „Empathie" oder vielleicht „Telepathie" nennen. Oder man tut das Gegenteil und behauptet, dass die Fischköppe einfach zu blöd zum Sprechen sind.

Der Norddeutsche an sich spricht halt nur dann, wenn er muss, nicht, weil er muss. Allerdings spricht er auch grundsätzlich nicht besonders gern, und ebenso hört er nur ungern andere Leute um sich herum im andauernden Redefluss. Schon ein dröhntendes „Moin, Moin" statt eines einfachen, knappen „Moin" kann er leicht als Nötigung empfinden – und sich entsprechend in eine innere Emigration mit dazugehörigem Schweigegelübde zurückziehen.

Über die Gründe dafür gibt es bislang keine verlässlichen wissenschaftlichen Studien. Wir möchten daher erstmals folgende Theorienansätze zur weiteren Diskussion anbieten:

1. Die Landschaftstheorie

Im Gegensatz zum Gebirge mit seinen murmelnden Bächlein, rauschenden Tannenwipfeln und singenden Murmeltieren ist der Norden eher ... still. Klar, manchmal saust der Westwind, rauscht das Meer und oder muht eine Kuh – das war es dann aber auch schon mit dem Soundtrack des Nordens.

Im Laufe der Menschheitsentwicklung hat sich das Sprach-

Lieblingsbeschäftigung von Werner Momsen: Einfach mal sitzen

verhalten der Menschen womöglich an die jeweilige Geräuschkulisse ihres unmittelbaren Lebensraums angepasst. So haben Bergbewohner den Hang zu munteren Erzählkaskaden, die lautmalerisch den kleinen Gebirgsgewässern folgen, an denen sie leben. Der Küstenmensch aber ahmt eben jene Stille nach, die ihm sein Wattenmeer bei Ebbe an einem trägen Herbsttag bietet.

2. Die Bilingualtheorie

Der Norddeutsche wurde seit dem Aufkommen des Tourismus im 19. Jahrhundert zweisprachig erzogen: Die „Ursprache" Plattdeutsch diente zur Verständigung mit seinesgleichen, das Hochdeutsche zu jener mit den Badegästen.

Aus dem Zwiespalt herauts, was nun mit wem zu sprechen sei, entwickelte er zunächst eine tiefe Sprachunsicherheit, sodann, nach einigem Grübeln, die schlichtweg geniale Lösung des Problems: einfach gar nicht erst sprechen – dann kann man auch nichts verkehrt machen.

3. Die Verkürzungstheorie

Während sich in den südlichen Ländern Deutschlands im Laufe der letzten 5000 Jahre alle möglichen Völker tummelten, blieb der graue, sumpfige Norden eher unbesucht. Daher wurde der Norddeutsche längst nicht so stark mit anderen Sprachen konfrontiert wie beispielsweise der Rheinländer (der erst Latein, dann Französisch lernen musste); er hatte somit die Gelegenheit, sein ureigenes Idiom zu perfektionieren. Entstanden ist dabei eine überaus ökonomische Kommunikationsform: ein paar Einsilber, die ganz ohne Konjugationen, Deklinationen und anderem Gedöns auskommen.

Ein paar Laute ersetzen endloses Geschwätz ... Ortsfremden mag dies wie eine Nicht-Kommunikation aus Grunzgeräuschen vorkommen. Dabei gibt es allein hunderte von Bedeutungen der Worte „Na", „Jou" und „Nee". Je nach Betonung und Anzahl der gehörten Ausrufungs- oder Fragezeichen verändert sich ihre Aussage mitunter kolossal.

Fernab dieser linguistischen Finessen gibt es jedoch vielleicht noch etwas Tieferes, Allgemeingültigeres hinter der norddeutschen Schweigsamkeit.

Etwas Ur-Menschliches.

Etwas, das die Norddeutschen vielleicht als Erste auf diesem schönen Planeten begriffen haben. Etwas, das zu einer besseren Welt führen könnte – wenn es denn von allen gleichermaßen beherzigt würde, sei er Buschmann oder Bayer, Chinese oder Chemnitzer.

Werner Momsen hat dieses „Etwas“ auf den Punkt gebracht – wenn ihm dazu auch das eine oder andere Bierchen oder Körnchen die Zunge lösen und seine angeborene Schweigsamkeit in Mitteilsamkeit umwandeln musste

Im richtigen Moment mal den Sabbel halten. Oder sagen wir ruhig, wie es ist: Im Zweifelsfall einfach mal nichts sagen! Wenn du das beherzigst, dann klappt das hier auch mit der Nachbarschaft. Dann hast du Freunde. Und dass du die hast, merkst du daran, dass die dir plötzlich auch nicht mehr reinreden und ebenfalls den Sabbel halten.

In der Ruhe liegt die Kraft des Norddeutschen

Wo Norden ist, ist Momsen

Wo Norden liegt

Es ist für einen Norddeutschen ausgesprochen nützlich, immer zu wissen, wo Norden liegt.

Dann weiß er zum Beispiel, wo genau sich die Sonne um Mitternacht befindet. Was sich in Einzelfällen angeblich als durchaus hilfreich erwiesen haben soll.

Noch wichtiger ist für einen Norddeutschen jedoch das Wissen um „seinen" Norden, wenn er sich in der Fremde befindet: Denn allermeist geht es genau in dieser Richtung nach Hause.

Irgendwie zumindest ... Nur 9 der 192 offiziell anerkannten Staaten dieser Erde liegen noch nördlicher als Norddeutschland – das sollte das Anpeilen einer groben Richtung heimwärts doch auf jeden Fall relativ einfach machen, oder?

Klar: Am einfachsten ginge das mit einem modernen GPS-Navigationssystem.

Aber stellen Sie sich jetzt mal vor, Ihr Navi würde mit erotischer Frauenstimme hauchen: „Sie haben Ihren norddeutschen Heimatort erreicht" – und vor Ihnen trabt eine Kamelherde durch die Wüste. Solche Fälle soll es ja schon gegeben haben! Was dann?

Also: Wenn Sie sich nicht gerade in Dänemark, Schweden, Norwegen, Finnland, Island, Litauen, Lettland, Estland, Russland oder Kanada befinden ... Immer erstmal nach Norden fahren.

Und wenn es dann irgendwann anfängt, kühl zu werden und zu regnen – das Zielgebiet also klimatisch erreicht ist –, einfach den Taxifahrer an der nächsten Ecke nach dem weiteren Weg fragen. Im Idealfall wird er Sie nun direkt vor Ihre Haustür bringen. Im schlimmsten Fall zum Flughafen von Vancouver.

Doch wie findet man die Grundrichtung für den Weg nach Norden, zu dem Taxifahrer, vor die Haustür?

Hier die gängigsten und erprobtesten Methoden:

1. Die Kompass-Methode

Sie haben – wie jeder gute Reisende – einen klassischen Magnetkompass bei sich. ACHTUNG! Nicht dort, wo auf dessen Rosette „N" steht, ist auch automatisch Norden! Sehen Sie auf den Zeiger! Nur in der Richtung, in welche seine nach Norden gepolte Seite zeigt – sie ist eigentlich immer irgendwie besonders markiert –, liegt auch Norden. Dorthin wollen Sie!

Drehen Sie also das „N" auf diese Position! Dann wissen Sie zur Sicherheit auch gleich, wo Osten (O), Süden (S) und Westen (W) liegen – also jene Richtungen, in die Sie nicht wollen!

2. Die Uhr-Methode

Sie haben den Kompass vergessen? Kein Problem! Denn Sie haben ja eine Uhr, oder? Warten Sie einfach, bis es 12 Uhr mittags ist: Dort, wo dann die Sonne steht, ist ungefähr Süden. Genau in der entgegengesetzten Richtung liegt der geliebte Norden. Aber ACHTUNG! Diese Methode funktioniert nur außerhalb der Sommerzeit bzw. in Ländern, die keine Sommerzeit haben! In Sommerzeit-Ländern muss man bis 13 Uhr warten – dann ist das Prozedere jedoch das gleiche.

3. Die antike Methode

Die Menschen der Antike – also z.B. Griechen, Römer und Wikinger – kannten weder Kompass noch Uhr. Trotzdem wussten sie immer ziemlich genau, wo Norden liegt. Zumindest in sternklaren Nächten: Denn da strahlt (bis heute) der Polarstern. Dieser hat seine Position fast genau über dem Nordpol – und wandert daher praktisch nicht über den Nachthimmel. Ein prima Wegweiser gen Norden in der Nacht – allerdings nur für die Menschen der nördlichen Halbkugel: Jenseits des Äquators kann man ihn leider nicht mehr sehen ...

4. Die Bio-Methode

Diese funktioniert zumindest in Europa recht verlässlich: Dahin, wohin der meiste Wind den meisten Regen bläst, wächst an den Bäumen das meiste Moos. Das Schietwetter kommt nun in der guten, alten Welt allermeist von Nordwest. Das heißt also: Da, wo die Bäume in der Landschaft am bemoostesten sind, da ist Nordwesten. Ein Stück rechts davon liegt dann der Grundkurs gen Nord.

5. Die deutsche Satelliten Methode

... hat nichts mit GPS zu tun! Wenn Sie einmal auf die Satelliten-Schüsseln schauen, die Abermillionen von Hausfassaden und Balkons in der Bundesrepublik als neckisches Dekoelement dienen (und zudem recht praktisch für den Empfang von bummelig 600 TV-Sendern sind), dann wird Ihnen eine gewisse Gleichrichtung auffallen. Kein Wunder – denn die allermeisten peilen den Astra-Satelliten an, der für fast jeden Geschmack televisionäre Freuden auf das Land ausstrahlt. Seine geostationäre Position liegt – aus deutscher Sicht – ziemlich genau im Süden; entfernen Sie sich also nun in der entgegengesetzten Richtung von diesem falschen Freudenspender, dann erreichen Sie wohlbehalten das wahrhaft freundliche Nordland.

6. Die Bahn-Methode

Um nach Norden zu gelangen, nehmen Sie laut bahn.de von Süden kommend den ICE in Richtung Hamburg Hbf. In Hannover steigen Sie um in den ICE nach Oldenburg, das Sie nach ungefähr 90 Minuten Fahrt erreichen. Nach einem kurzen, erfrischenden Aufenthalt geht es nun weiter mit dem Regional-Express, zu einer weiteren knapp zweistündigen Reise, vorbei an reizenden Milchkannen mit Namen wie „Bad Zwischenahn", „Westerstede-Ochholt" und „Augustfehn". Am Ende sind Sie dann tatsächlich in Norden. Norden in Ostfriesland. Die nordwestlichste Stadt auf dem deutschen Festland … Aber wollten Sie da wirklich hin?

Was man im Norden singt

Der Norddeutsche neigt ja nicht grade zu überschwänglichen Freudensbekundungen, der freut sich mehr inwendig. Er freut sich, wenn er anderen beim Freuen zugucken kann. Aber wenn es gesellig ist und der Alkoholpegel stimmt, dann schmettert er auch gerne mal einen und kommt richtig aus sich raus. So auch bei mir im Männerchor „Rauhe Kehle Altona“. Nach dem Motto „Wat jung is, dat summt, wat oolt is, dat brummt“, trällern wir alles,

was man so trällern kann. Am liebsten natürlich Lieder aus der Heimat. Egal, ob auf Hochdeutsch, Missingsch oder Platt.

Einiges singen wir nur heimlich, weil da ja womöglich noch Rechte drauf sind. Dann kommt am Ende noch die GEMA – un denn ward dat düür! All das zum Beispiel, was Hans Albers rauf und runter gesungen hat: „Auf der Reeperbahn nachts um halb eins – dingelingeling!“

Oder „La Paloma“ ... Sie wissen schon: „...Oheeeee! Einmal muss es vorbeiiii seiiiin!“

Aber wir können auch modern. „Hamburg im Regen“

Werner Momsen singt Shantys mit, wo immer es geht

von der söten Mary Roos genau so wie „Hamburch, meine Perle, du wunderschöne Stadt" von Lotto King Karl. Völlig durch geht das mit uns bei den Jungs von Fettes Brot: „Nordisch by nature"...

Wir singen ja viel auf Geburtstagen, Hochzeiten, Beerdigungen – also überall da, wo die Menschen Spaß haben wollen – und da dürfen ein paar Lieder aus dem, wie man so schön sagt, Freien Liedgut nie fehlen. Die drei wohl urnorddeutschesten Stücke, die einfach jeder kennen muss, hab ich ihnen hier mal aufgelistet:

1. Lütt matten, de Has'

Dies Lied stammt von Klaus Groth, dat is'n Heimatdichter aus Heide, der im 19. Jahrhundert als einer der Ersten die Idee hatte, in der Volkssprache Platt zu dichten. Man sollte dies – fröhlich klingende – Lied aber erst Kindern ab 12 vorsingen: Am Ende wird der kleine Hase Matten nämlich ziemlich brutal ums Leben gebracht und aufgefressen! Eine Sechsjährige hat uns deshalb mal das ganze Konzert verheult. Meine Großneffen – 13 und 16 Jahre alt – sagten da nur: „Voll cooler Splatter, Alter!"

Lütt matten, de Has´,
de maak sick een Spaß
he weer bi ´t Studeern
dat Danzen to lehrn
un danz ganz alleen
op de achtersten Been

Keem Reinke de Voss
un dach: dat´s een Kost!
Un seggt: "Lüttje Matten,
so flink op de Padden?
Un danzst hier alleen
op dien achterste Been?

Kumm laat uns tosam!
Ik kann as de Daam!
De Kreih, de speelt Fidel,
denn geiht dat kandidel,
denn geiht dat man scheun
op de achtersten Been!

Lütt Matten geev Poot,
de Voss beet em dood.
Un sett sick in´n Schatten,
verspies de lütt Matten.
De Kreih, de kreeg een
vun de achtersten Been

Lütt Matten: Lustiges Lied – böses Ende...

2. Dat du min Leevsten büst

Da sach' noch einer, auf dem Land gäbe es keine Erotik: Hier wird der voreheliche Bauernsex sogar besungen! Der Texter ist allerdings lieber anonym geblieben – na, sonst hätte er am Ende womöglich noch Alimente zahlen müssen...

Dat du min Leevsten büst
dat du woll weeß
Kumm bi de Nacht
kumm bi de Nacht
segg wo du heeßt

Kumm du um Middernacht
kumm du Klock een
Vader slöpt, Moder slöpt,
ick slap alleen

Klopp an de Kammerdör
fat an de Klink
Vader meent, Moder meent,
dat deit de Wind

Kümmt denn de Morgenstünn,
kreiht de ol Hahn.
Leevster min, Leevster min,
denn mößt du gahn.

Und wieviele Burschen hat diese schöne Friesin vor ihrem Vater gerettet?

3. Hamborger Veermaster

Also das ist nicht gerade ein Werbesong für die Christliche Seefahrt Hamburgs – aber so war das wohl im 19. Jahrhundert. Immerhin zeigt sich hier hanseatische Weltoffenheit, denn der Refrain wird auf Englisch gesungen. Das „Gold von Sacramento", das darin erwähnt wird, deutet übrigens darauf hin, dass der Song so um 1850 entstanden sein muss: In dieser Zeit war man dem Goldrausch in Kalifornien verfallen. Von wem der Text stammt, ist unbekannt – wahrscheinlich hat einer irgend-

wann angefangen und dann haben weitere dazu ihren Frust über das Bordleben abgelassen ... „Shitstorm“ sagen meine Großneffen dazu.
Tja ... Und dann gibt das noch das Lied für alle Hamburger – das Lied vom Tüdelband! Mein Lieblingslied. Und weil das so schön und lustig ist, aber eine traurige Geschichte hat, widmen wir ihm später ein eigenes Kapitel.

1. Ick heff mol
en Hamborger Veermaster sehn,
|: To my hooda! :|
De Masten so scheef
as den Schipper sien Been,
To my hoo da hoo da ho!
Refrain:
|: Blow boys blow for Californio,
There is plenty of Gold
So I've been told
On the banks of Sacramento. :|

2. Dat Deck weur vun Isen,
Vull Schiet un vull Schmeer.
Dat weer de Schietgäng
Eer schönstes Pläseer.

3. Dat Logis weur vull Wanzen,
De Kombüs weur vull Dreck,
De Beschüten, de leupen
Von sülben all weg.
Refrain:

4. Dat Soltfleesch weur gröön,
Un de Speck weur vull Moden.
Kööm gev dat blots an
Wiehnachtsobend.
Refrain:

5. Un wulln wi mol seiln,
Ick segg dat ja nur,
Denn lööp he dree vörut
Und veer wedder retur.
Refrain:

6. As dat Schipp, so weer
Ok de Kaptein,
De Lüd für dat Schipp weern
Ok blots schanghait.
Refrain:
|: Blow boys blow for Californio,
There is plenty of Gold
So I've been told
On the banks of Sacramento. :|

Von wegen Segelschiffromantik - „Seefahrt tut Not"!

Wie das gute Bier nach Bayern kam

Denken Sie jetzt einfach mal an Bier.

Womöglich landen Sie alsbald in Bayern, beim Oktoberfest vielleicht. Haben Sie auch gerade die Vision von Damen in Dirndln, die vor ihrem üppigen Dekolleté eimergroße Gläser zu feschen Buam in Krachledernen schleppen?

Ja, Bier klingt irgendwie nach Bayern – wie Camembert nach douce France, Pasta nach bella Italia und Sashimi nach rohem Fisch.

Der wahre Norddeutsche lehnt sich nun mit einem dezenten Lächeln zurück: Sollen die Bajuwaren doch ihren Bierzirkus veranstalten! Der ist doch einfach nur laut ...

Sodann nimmt der Flachlandbewohner einen schönen Schluck seines kühlen Blonden und genießt mit einem weisen Lächeln die Stille der Tiefebene. Denn er weiß: Das beste Bier stammt traditionell aus dem Norden – und ohne die Entwicklungshilfe, die von hier ausging, wäre Bayern vielleicht noch heute eine Zwergnation in Sachen Gerstensaft ...

Aber der Reihe nach: Als historisches Zentrum der zivilisierten Bierwelt gilt nachweislich das hübsche niedersächsische Hansestädtchen Einbeck. Die Braumeister der Stadt hatten bereits im ausgehenden Mittelalter ein ausgesprochen leckeres obergäriges Bier entwickelt, das durch seinen relativ hohen Alkoholgehalt praktischerweise sehr gut haltbar war – und damit transportierbar. Der exzellente Ruf dieses edlen Getränks hallte durch Europa und so wurde es – ähnlich wie Champagner heute – zu einem gefragten Luxusartikel der Reichen und Schönen zwischen Stockholm und Norditalien, Riga und Antwerpen.

Als vielleicht erster Werbetexter der Neuzeit wurde für die Verbreitung dieses Edelstoffs kein Geringerer als der Kirchenreformator Martin Luther gewonnen – wenn denn die Legende stimmt. Angeblich soll er nämlich nach dem Genuss eines kräftigen Schlucks vom „Einbecker“ auf dem Reichstag zu Worms spontan gedichtet haben: „Der beste Trank, den einer kennt, der wird Einbecker Bier genennt.“

Belegt ist auf jeden Fall, dass Herr Luther zu seiner Hochzeit einige Fässer dieses Tranks nach Wittenberg kommen ließ.

Zu dem Kundenkreis der norddeutschen Braumeister gehörte seit 1555 ferner auch der Hof der Wittelsbacher, also der Herrscher über Bayern. Die importierten erst einmal fleißig aus dem Norden, bis sie 1573 auf die Idee verfielen, ein eigenes Hofbräuhaus zu gründen (zuerst auf Burg Traunstein, dann in München, wo es noch heute steht). Vielleicht waren ihnen die Importe einfach zu teuer geworden, vielleicht konnten die Einbecker auch einfach nicht genug für die Suffköppe im Süden liefern - die genauen Gründe kennt man nicht.

Das mit dem Selbstgebrauten schien aber irgendwie nicht sooo der große Hit gewesen zu sein: Im Jahre 1614 wurde der Braumeister Elias Pichler (Sprachwissenschaftler sind sich übrigens uneinig ... aber womöglich stammt der Begriff „picheln" - also vulgo: „saufen" - von ebendiesem Namen her) für viel Geld aus Einbeck abgeworben, um den bayrischen Gerstensaft auf Vordermann zu bringen.

Nun endlich begann auch trinkbares Bier made in Bavaria aus dem Zapfhahn zu sprudeln. „Ainpöckisch Bier" wurde das genannt - so klingt „Einbecker Bier" auf Bayrisch. Wenn man es genau nimmt, hätte es „Bier nach Einbecker Art" heißen müssen - aber wir wollen ja nicht kleinlich sein. Zumal die maulfaulen Südländer im Laufe der Jahre eh die Verballhornung „Bockbier" daraus machten ...

Als solches kennen - und lieben - es viele noch heute.

In Nord und Süd.

Allerdings wollen wir uns einen Nachsatz erlauben, gerade angesichts des kühlen, blonden Pilseners, das wir gerade trinken. Bockbier á la Einbeck ist ein Auslaufmodell: Rund 70% aller Biere, die heute in Deutschland getrunken werden, sind „auf Pilsener Art" gebraut!

Die sind untergärig und... Ach, lassen wir das Fachsimpeln!

Nur kurz: Diese Bierart wurde 1842 ausgerechnet von einem Bayern im tschechischen Pilsen entwickelt - also rund 300 Jahre nachdem ein Norddeutscher den Bayern das Biermachen beibrachte ...

So ist der Lauf der Welt - und das ist gut so!

Herrn Momsens Lieblingsbier ist immer eiskalt und nie halb leer

Wo Autos schweben

Man fährt das Auto bis auf die Hauptspur. Dann lehnt man sich entspannt zurück und tut einfach gar nichts mehr. Wie von Geisterhand bewegt, hebt das Fahrzeug ab und gleitet über das Wasser! Das klingt nach einem Science-Fiction-Film, ist aber bereits seit 1913 Teil des Rendsburger Alltags. Das Schweben der Autos währt hier freilich nur knappe zwei Minuten, sie überwinden dabei auch „nur" eine Strecke von gut 100 Metern, bevor sie wieder auf den Boden der Tatsachen gelangen – aber immerhin!

Wer sich hier nun aber einen Sensationsbericht über vergessene Supertechnologien des Deutschen Kaiserreichs erhofft, den müssen wir leider enttäuschen. Bei dem vermeintlichen „Wunder von Rendsburg" handelt es sich nämlich um eine seltene, aber doch in den Jugendjahren der Industrialisierung durchaus bekannte Technik der Flussüberquerung: Mittels einer Schwebefähre. Sie besteht aus einer Art Gondel, die an Stahlseilen oder -trägern hängt und mittels einer Rollmechanik unter einer Brückenkonstruktion hin und her bewegt werden kann. Über einen Fluss natürlich, mit Auffahrrampen auf die Fährplattform für Fahrzeuge an beiden Ufern. Sonst wäre es ja eine Seilbahn. Gegenüber den herkömmlichen Fährschiffen hat die Schwebefähre zwei entscheidende Vorteile: Sie kann auch dann noch fahren, wenn das zu überquerende Gewässer gefroren ist. Und sie verbraucht weniger Energie als eine Fähre zu Wasser. Auch Brücken gegenüber (auf denen man ja ebenfalls trefflich Flüsse überqueren kann!) hat sie einen gewissen Vorteil: Wenn auf den zu querenden Flüssen Schiffe mit hohen Aufbauten fahren, wie auf dem Nord-Ostsee-Kanal eben üblich, dann müssten Brücken sehr hoch gebaut werden. Was wiederum eine sehr lange Anfahrtsrampe erfordert. Ein Auto kann ja nicht Treppen steigen. Und Allradantrieb hat auch nicht jedes. Man könnte es freilich mit

einem Fahrstuhl versuchen – aber das wäre noch viel aufwendiger als eine Schwebefähre.

Eine geniale Sache ist das also – wäre da nicht ein kleiner, aber hässlicher Nachteil, der alle Vorteile wieder zunichtemacht: Man muss auf die Fähre warten. Wie auf alle Fähren. Gerade mal 4 Automobile und vielleicht 60 Fußgänger können in Rendsburg pro Tour mitgenommen werden. Und diese Touren gibt es nur im Viertelstundentakt. Das mag hier vielleicht noch gehen – denn es wird nur die Kleinstadt mit der ländlichen Gemeinde Osterrönfeld verbunden. Aber eine Schwebefähre anstatt des Hamburger Elbtunnels mit seinen 60.000 Autodurchfahrten pro Richtung täglich – undenkbar. Der Letzte in der Schlange nur eines Tages müsste knapp 2 ½ Jahre auf seine Passage warten. Tunnel und Brücken, die man jederzeit passieren kann, sind so gesehen halt doch praktischer. Daher haben sich die Schwebefähren auch nie wirklich durchsetzen können – gerade mal 20 wurden weltweit gebaut. Jene in Rendsburg ist jedoch nur ein Teil einer anderen hiesigen Ingenieursgroßtat: Sie hängt nämlich unter der gigantischen Eisenbahnbrücke, die kurz vor dem Ersten Weltkrieg über den Nord-Ostsee-Kanal gebaut wurde. Ein Koloss aus 17.740 Tonnen Stahl, der sich über knapp 2,5 Kilometer erstreckt und mit seinen 68 Metern Höhe alles andere im Umkreis von etlichen Kilometern überragt. Zwei Jahre bauten 350 Arbeiter an diesem „ungeheuren Stahlgerüste", das von den Rendsburgern zunächst gefürchtet wurde wie ein „Monstrum". Heute ist die Brücke das Wahrzeichen der Stadt. Der spätere Stolz der Rendsburger darauf ist durchaus berechtigt, denn noch heute, nach über 100 Jahren braven Dienens, donnern über diesen Stahlgiganten alle Züge, die von Süden nach Skandinavien fahren. Und noch heute schweben gut 60 Meter darunter Autos und Menschen von einem Ufer des Kanals zum anderen.

In Deutschland gibt es derartiges übrigens nur noch an einem einzigen anderen Ort – der auch im Norden, im Landkreis Cuxhaven, liegt: In Osten-Hemmoor nahm man ein ähnliches Konstrukt bereits 1909 in Betrieb, allerdings nur halb so groß und auch ganz ohne Eisenbahnüberbau. Beide aber, die Rendsburger wie die Osten-Hemmoorer, finden sich heute mit dem Titel „Historisches Wahrzeichen der Ingenieurbaukunst in Deutschland" geadelt.

Im schönen Mölln fand Till angeblich seine letzte Ruhe

Wer Deutschlands erster Narr ist

Wenn wir beim Durchzappen unser Fernsehkanäle eine Kappe auf dem Senderemblem vom WDR entdecken, wissen auch wir Norddeutschen: Karneval, Fasching, Fassnacht oder wie das auch immer heißt, ist wieder angesagt! Dann sitzen wir Nordlichter mit offenem Mund vor der Mattscheibe und fragen uns: Was machen die da bloß? Was tragen die für alberne Klamotten? Und warum lachen die alle paar Sekunden, wenn es doch eigentlich zum Heulen ist, was man da sieht? Man kann doch nicht, nur weil Februar ist, kollektiv die Pappnase aufsetzen und zu jedem Tusch lachen. Wo ist da denn das individuelle Mitspracherecht? Der Norddeutsche entscheidet immer noch selbst, wann was lustig ist und wann nicht.

Dabei haben wir gar nichts gegen Narren. Davon haben wir hier auch einige. Vielleicht sogar den einzig wahren! Der existiert seit fast 700 Jahren auf dem internationalen Humoristen-Parkett und ist echter Norddeutscher: Till Eulenspiegel sein Name. Seine Narreteien beginnen damit, dass man gar nicht weiß, ob es ihn überhaupt jemals wirklich gab. Aber gut: Von Jesus weiß man das auch nicht 100prozentig, das Neue Testament wurde erst lange nach seinem Tod niedergeschrieben – und doch glauben erstaunlich viele an ihn. Von Tills Abenteuern wird entsprechend erst rund 150 Jahre nach seinem Ableben erstmals berichtet. Um 1510 erscheint in Straßburg das Buch *Ein kurtzweilig Lesen von Dyl Ulenspiegel*, der Autor möchte anonym bleiben. Darin sind 96 „Historien“ von dem Ober-

narren aufgeschrieben, beginnend mit seiner Geburt und endend mit seinem Tod. So erfahren wir, dass Eulenspiegel im Jahre 1300 im „Braunschweigischen Land“ geboren ist, wo er Kindheit und Jugend verbringt und sich mit ersten Scherzen hervortut. Neun „Historien“ später zieht er aus in die Welt, um fortan verschiedene Berufe zu erlernen und es dabei jeweils zur höchsten Meisterschaft – also dem höchsten Grad der Inkompetenz – zu bringen. Ein Schema zieht sich durch: Till stellt sich dumm, fragt nach, erhält in der Nachfragenfolge immer noch dümmere Antworten von angeblichen Koryphäen – und setzt diese dann in die Tat um. So antwortet ein entnervter Bäckermeister auf ein paar Fragen zu viel, was denn wie zu backen sei: „Back’ doch Eulen und Meerkatzen!“ Sogleich backt Till eben Figürchen von Eulen und Meerkatzen. Und die am Ende zu Verkaufsschlagern. Mit seinen Streichen hält Till seinen Mitmenschen immer wieder hintersinnig einen Spiegel vor und macht sie auf ihre eigenen Idiotien und Missstände aufmerksam. „Eulenspiegel“ eben – der Spiegel als Zeichen der Reflexion und die Eule als Symbol für Weisheit seit der Antike.

Allerdings gibt es neben all diesem hehren Humor auch noch eine sehr abgründige Seite in den Eulenspiegel-Geschichten, die weniger Abgeklärte, als Norddeutsche es sind, womöglich entsetzen wird: die Anal-Fixiertheit! In Eulenspiegels Anekdoten wird gesch…, was das Zeug hält!

Ein derber Scherz nach dieser Art mag allein schon der Name des Narren sein. Gerade sprachen wir noch brav von dem „philosophischen Spiegel, der vorgehalten wird“, und der „Eule der Weisheit“. Im alten Deutsch wird Eulenspiegel „Ulenspegel“ geschrieben. Das muss nun nicht unbedingt auch „Eulenspiegel“ heißen: „ulen“ bedeutet auf Plattdeutsch neben „Eulen“ auch „wischen“. Und „Spegel“ kann neben „Spiegel“ auch… „Arsch“ meinen. Noch Fragen?

Trotz – oder vielleicht auch gerade: wegen – dieser Absonderlichkeiten wurde bereits das erste Eulenspiegel-Buch ein früher Bestseller, der heute in fast allen Sprachen der Welt verbreitet und etliche Male in neuen Varianten nachgedichtet worden ist.

Angeblich starb Till Eulenspiegel nach einem erfüllten Narrenleben im Jahre 1350 in Mölln an der Pest. Bewiesen ist es nicht, kein Grabstein erinnert an ihn. Trotzdem wurde ihm hier, am Fuße der Hauptkirche St. Nicolai, ein hübsches Denkmal gesetzt. Da sitzt er nun, der Schalk, in Bronze gegossen, und hält den Daumen hoch. Wer den Daumen und die Fußspitze berührt, der hat angeblich Glück. Entsprechend leuchten diese Körperteile heute. Aber mal ehrlich: Wer traut schon einem Narren? Doch nur … Narren! Ein echter Norddeutscher hingegen hält sich vornehm zurück und schont das Messing …

Wie man seinen 30. Geburtstag gestalten kann

Der durchschnittliche Norddeutsche heiratet heute mit knapp 34 Jahren. Seine durchschnittliche Gattin ist dann etwas über 30. Die Eheschließung ist auf jeden Fall ein schöner Grund für ein großes Fest. Damit es aber auch zuvor schon etwas Besonderes zu feiern gibt, wurde in Bremen das Domtreppenfegen erfunden. Und das geht so: Ist ein Mann an seinem 30. Geburtstag noch unverheiratet – wie die meisten also –, dann muss er sich an der Treppe des Doms einfinden. Dort warten Freunde und Verwandte mit Häppchen und Schnäpschen sowie vielleicht sogar ein Leierkastenmann oder eine Rockband. All diese lieben Menschen bedecken nun die Treppen mit Kronkorken und anderem Glitzerkram, während der arme Junggeselle einen Besen in die Hand gedrückt bekommt und das alles wieder wegfegen muss. Kaum hat er aber eine Stufe gesäubert und sich an die nächste gemacht, da kommen die garstigen Geburtstagsgäste schon wieder von hinten und bedecken die gerade freigeräumten Stellen aufs Neue mit ihrem Unrat. Das geht so lange mit Gejohle und Juchhee, bis eine Jungfrau den Feger küsst. Da es mit dem Glauben an die Jungfräulichkeit über 14 in Bremen nicht gut bestellt ist, haben barmherzige Besucher zumeist ein kleines Mädchen dabei, das den Bremer Sisyphos irgendwann von seinem Dauerjob erlöst. Danach wird gemeinsam aufgeräumt – und meistens steigt anschließend irgendwo noch eine fröhliche Party.

Sie meinen, das kennen Sie auch – aber von einem anderen Ort? Kann gut sein. Aber erfunden haben es die Bremer, die diesen Brauch nachweislich bereits seit 1890 pflegen. Damals lag das Durchschnittsalter für Hochzeiter übrigens unter 30 Lebensjahren, sodass man für die Pflege der Treppen zusätzlich auch noch normale Reinigungskräfte brauchte. Heute eigentlich nicht mehr. Dafür braucht man aber eine Genehmigung der Domkanzlei für die Aktion, denn in dem Gotteshaus selbst ist ja auch eine Menge los. Hochzeiten zum Beispiel. Deren würdevollen Auf- und Abtritte sollen ja nicht durch die wilde Fegerei gestört werden. Gesehen haben wird diese seltsa-

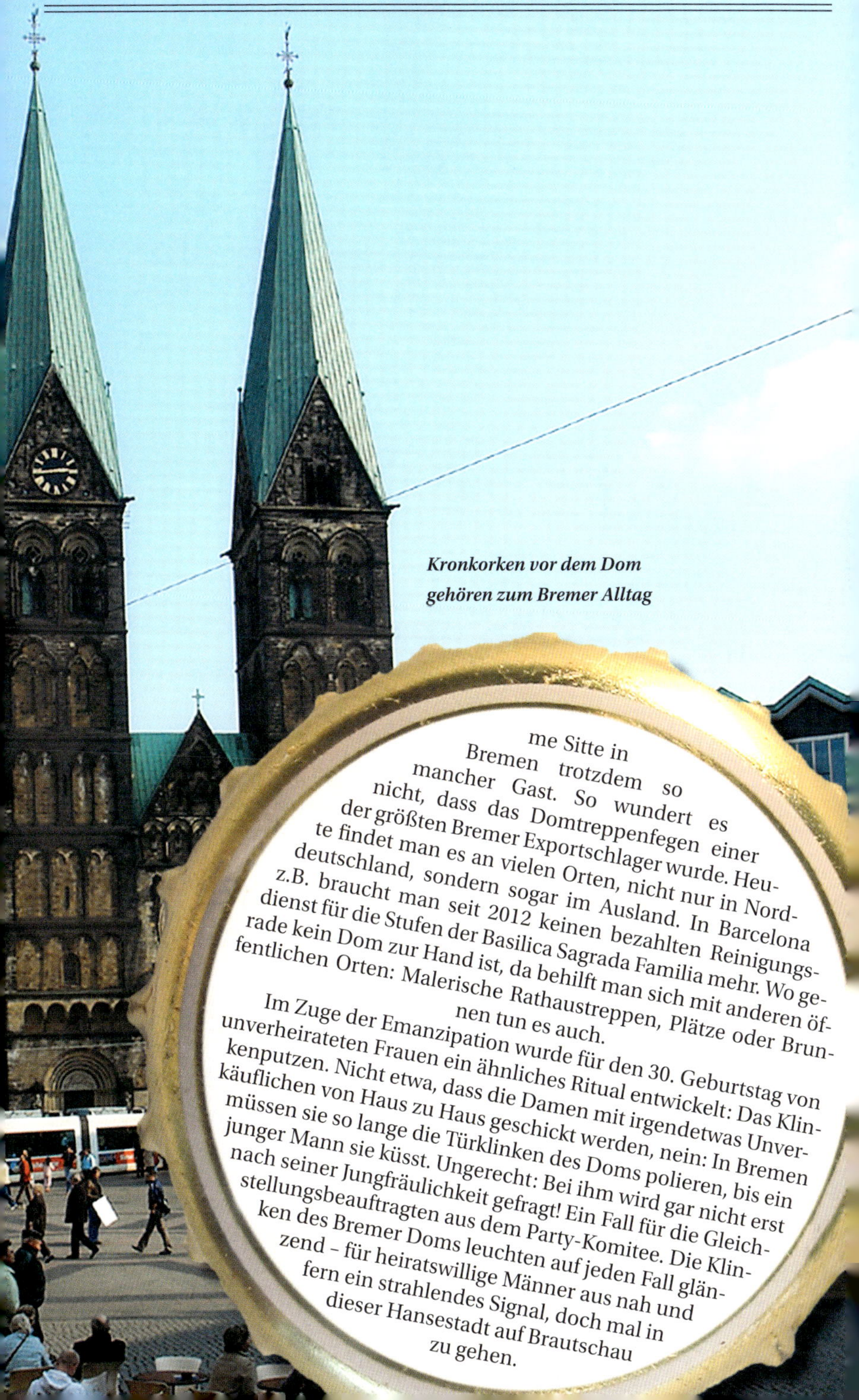

Kronkorken vor dem Dom gehören zum Bremer Alltag

me Sitte in Bremen trotzdem so mancher Gast. So wundert es nicht, dass das Domtreppenfegen einer der größten Bremer Exportschlager wurde. Heute findet man es an vielen Orten, nicht nur in Norddeutschland, sondern sogar im Ausland. In Barcelona z.B. braucht man seit 2012 keinen bezahlten Reinigungsdienst für die Stufen der Basilica Sagrada Familia mehr. Wo gerade kein Dom zur Hand ist, da behilft man sich mit anderen öffentlichen Orten: Malerische Rathaustreppen, Plätze oder Brunnen tun es auch.

Im Zuge der Emanzipation wurde für den 30. Geburtstag von unverheirateten Frauen ein ähnliches Ritual entwickelt: Das Klinkenputzen. Nicht etwa, dass die Damen mit irgendetwas Unverkäuflichen von Haus zu Haus geschickt werden, nein: In Bremen müssen sie so lange die Türklinken des Doms polieren, bis ein junger Mann sie küsst. Ungerecht: Bei ihm wird gar nicht erst nach seiner Jungfräulichkeit gefragt! Ein Fall für die Gleichstellungsbeauftragten aus dem Party-Komitee. Die Klinken des Bremer Doms leuchten auf jeden Fall glänzend – für heiratswillige Männer aus nah und fern ein strahlendes Signal, doch mal in dieser Hansestadt auf Brautschau zu gehen.

Nannys Beine faszinieren jeden – nicht nur Seemänner!

Welcher Seemann liegt bei Nanny im Bett?

Ach ja, unsere Nanny ... Wie sie jeden Abend zu ihrer kleinen Bar stolziert, oder nein: eher balanciert auf ihren hochhackigen Schuhen, in denen sie angeblich nach Schichtende sogar ins Bett geht ... Was für ein Schauspiel! So manchen Auffahrunfall soll sie dabei ja schon verursacht haben, dieses Prachtweib von St. Pauli mit den roten Haaren, dem großen Busen und dem noch größeren Herzen! Dieses Herz, das für die Seeleute schlägt, die einsam und verlassen in der Hafenstadt herumirren, auf der Suche nach menschlicher Wärme. Bei Nanny finden sie ein Zuhause – wenigstens für ein paar Stunden (und ein paar Euro) …

Aber davon wollen wir nicht weiter sprechen – mögen die Gentlemen schweigen und genießen (und die Nannys sich zwischendurch einen Piccolo genehmigen…)! Denn dieses Kapitel handelt offiziell von den sieben (bewohnten) Ostfriesischen Inseln. Was die mit Nanny zu tun haben? Nun, ganz einfach: Der Satz, der diesem Kapitel voransteht, ist eine schöne Eselsbrücke, um sich die Reihenfolge dieser „Perlenkette in der Nordsee“ zu merken!

Dieses Eiland liegt am östlichsten – so östlich, dass es offiziell schon gar nicht mehr zu Ostfriesland gehört. Aber großzügig wird es zu den Ostfriesischen Inseln gezählt. Wangerooge ist der Hafenstadt Wilhelmshaven vorgelagert. Daraus erklärt sich eine gewisse militärische Tradition der Inselbewohner: Wilhelmshaven war nämlich seit dem 19. Jahrhundert ein Kriegshafen, das Eiland eine Art Vorposten desselben. Im April 1945 wurde diese Inselfestung massiv bombardiert, sodass aus der Dünen- eine Kraterlandschaft wurde und mehr als die Hälfte der Gebäude dort in Schutt und Asche fiel. Davon sieht man heute jedoch nur noch wenig; trotzdem fehlt dadurch aber ein wenig der Charme, den das historische Seebad (das bereits 1804 diesen offiziellen Ehrentitel erhielt) einst gehabt haben mag.

Im Verhältnis zu den anderen Ostfriesischen Inseln ist das autofreie Spiekeroog geradezu dicht bewaldet. Zudem ist der Hauptort gleichen Namens nie besonders durch Naturkatastrophen und Kriege in Mitleidenschaft gezogen worden, sodass man hier tatsächlich von einem „historischen“ Ortskern sprechen kann. Von allen Inselperlen Ostfrieslands ist Spiekeroog für viele die idyllischste. Eine besondere Attraktion ist die 1885 eröffnete Pferdebahn, mit der noch heute fußlahme Badegäste von ihren Hotels zum Strand gefahren werden.

… ist fast das genaue Gegenteil von Spiekeroog: Eine eher karge, raue Dünenlandschaft und wenig historische Häuser erwarten den Besucher. Ein wenig Sahara-Feeling kommt hier auf angesichts der bis zu 20 Meter hohen Sandhaufen und der schier endlosen Sandstrand-Wanderstrecke, die um fast drei Viertel der Insel herumführt. Fehlen nur noch ein paar Kamele und 30 Grad mehr auf dem Thermometer.

Die kleinste Insel in der Kette hat sich selbst zum „Dornröschen in der Nordsee" ernannt. Ein wenig schläfrig geht es dort tatsächlich zu, der Tourismus boomt längst nicht so wie in den anderen Seebädern. Der Grund hierfür muss nicht unbedingt sein, dass man auch auf dieser Insel nicht mit seiner Nobelkarosse schaufahren darf – „autofrei" hat ja durchaus seinen Charme! Allerdings ist es hier noch nicht einmal gern gesehen, dass geradelt wird! So bleibt dem gehfaulen Besucher nur das Pferdetaxi der gewitzten Insulaner. Oder – für den Individual-Gepäck-Transport – eine Art Bollerwagen, den man hinter sich herziehen darf wie ein Fünfjähriger. Das mag vielleicht nicht jedermanns Sache sein.

Wer mondänen Flair schätzt, der ist hier richtig: Norderney wurde bereits 1793 zum Seebad ernannt und ist damit das älteste der Nordseeküste – und das einzige, das es zu einem gewissen Weltruhm gebracht hat. Seit dem 19. Jahrhundert geben sich hier der Adel und die sonstige Hautevolee die Klinke in die Hand. Der Waterloo-Held Blücher logierte hier ebenso wie der Friedensnobelpreisträger Gustav Stresemann, Kaiser Wilhelm II. wie Willy Brandt; der Dichter Heinrich Heine lästerte bewundernd über die Insel, während der Autor Franz Kafka bewundernd über sie schwieg ... . Ein Promi-Bad ist Norderney heute zwar nicht mehr unbedingt, doch künden die alten Prunkbauten noch von vergangener Pracht. Die Preise übrigens auch ...

Wale – das sind Säugetiere, die ausschließlich in der Polarregion leben? Wer dies glaubt, wird auf Juist eines besseren belehrt. Im Nationalpark-Haus findet sich nämlich – als wohl größte Attraktion in jedem Sinne – das 9 Meter lange Skelett eines Zwergwals, der hier im Jahr 2001 gestrandet ist. Einige unwissende Südländer vermeinen angesichts dieser Tatsache beweisen zu können, dass in Norddeutschland die Mitternachtssonne scheint und das Packeis knirscht. Man kann sie nun in diesem Glauben lassen – wie auch in jenem, dass die Erde eine Scheibe ist. Oder man gibt ihnen so etwas wie Brehms Tierleben zu lesen.

„Natur pur“ – das ist auf jeden Fall das Hauptmotto des schmalen Eilands Juist. Nennenswerte historische Bauwerke gibt es hier tatsächlich keine. Sollte es sie je gegeben haben, wurden sie bei einer der verheerenden Sturmfluten der Vergangenheit weggeschwemmt.

Ganz anders auf der größten und westlichsten Insel von „Ostfrieslands Perlen“: Hier steht trutzig festgemauert der Alte Leuchtturm! Seit 1576 dient er zur Kennzeichnung des Fahrwassers in die Ems. 1879 entstand ein zweiter, der Neue Leuchtturm – höher, schöner ... aber wirklich noch moderner war erst der Kleine Leuchtturm, der 1889 in Betrieb genommen wurde: Es ist das erste elektrisch betriebene Leuchtfeuer Deutschlands.

Neben diesen Sensationen sticht Borkum vor allem durch ein historisches Detail hervor: Die Insel war bekannt als Walfängerinsel. Viele Kollegen von Kapitän Ahab – Moby Dick grüßt aus der Ferne! – segelten tollkühn von hier gen Grönland, um ihren Teil an der Fastausrottung des liebenswerten Meeressäugers beizutragen. Als stumme Zeuge jener Zeiten findet man heute noch an vielen alten Häusern Zäune aus Walkinnladenknochen. Einhalt wurde den Walfängern erst durch einen Handelskrieg gegen Niederländer und Briten Ende des 18. Jahrhunderts geboten. Der endgültige Garaus des Gewerbes fand fast zeitgleich mit einigen Schiffskatastrophen statt. Die Nachfahren der Waljäger erspähten allerdings bald darauf eine neue Beute: Den Badegast! Dieser wurde jedoch nicht mehr mit der Harpune erlegt, sondern nur noch dezent gemolken. Und wenn er nicht gestorben ist – dann zahlt er noch heute Kurtaxe!

Hering, Sprotte, Matjes ... was ist das?

Warum die Nordsee salziger als die Ostsee ist

Neulich, nach Willis Geburtstag, da brauchte ich unbedingt einen Rollmops!

Als ich beim Fischhändler einen bestellte, meinte der, da hätte ich aber Glück, gerade sei ein ganz frischer Fang reingekommen. Und dann hielt er mir einen launigen Vortrag, von dem ich noch duhner im Kopp wurde.

Der Rollmops an sich sei zunächst ein stinknormaler Hering. Aber kein ganzer, nur ein Lappen davon. Wenn nun dieser Heringslappen 35 Tage lang in Essig und Salz gebadet habe, werde er aufgerollt und dürfe sich hinfort Rollmops nennen.

Ließe man ihn jedoch ausgestreckt in einem Veredelungsbad aus Essig, Öl, Zwiebeln, Senf und Lorbeer liegen, werde er geadelt: zum Bismarckhering!

Davon könne der Matjes nur träumen. Das sei die ärmste Sau unter den Heringen. Der bedauernswerte Fisch werde noch vor dem „ersten Mal“ aus dem Verkehr, sprich: an Laand gezogen und in Salzlake ruhig gestellt.

Immerhin bliebe es dem Matjes erspart, auch noch den Bückling zu machen – denn der hänge nach dem Salzen noch tagelang über dem Feuer, wo er sich eine Rauchvergiftung hole.

Der bodenständigste aller Heringe freilich sei der Salzhering. Da werde nicht viel Gedöns drum gemacht: angeln, ausnehmen, rein ins Salz ...

„Salz, Salz! Das ist es, was ich brauche!“, stöhnte ich. „Rollmops gegen meinen verdammten Kater! Hat mir mein Arzt zu geraten. Und den habe ich noch nie verkatert gesehen.“

Da schaute mich der Händler aber an! Oh Haua! Hatte ich mit meinem Bregenklöter vielleicht etwas zu laut gesprochen? Oder war es, weil ich ihn aus seinem schönen Fischstäbchen-Vortrag rausgerissen hatte?

„Jaaa, aaaalso ... Mit dem Salz, das ist so `ne Sache, wenn´s denn darauf ankommen soll ... “

Ich war mir nicht sicher, ob ich noch einen Vortrag würde durchstehen können. Aber da war es schon zu spät.

„Die Ostsee ist ja ganz klar weniger salzig als die Nordsee“, dozierte der Fischfachmann, „weil sie nämlich so ein ganz junges Meer ist, vor bummelig 10.000 Jahren entstanden, nach der Eiszeit, als das ganze Süßwasser von den Polargletschern abtaute. Salz schwappte da nur über den schmalen Zugang zur Nordsee im Westen rein. Deswegen wird der Salzgehalt in der Ostsee gen Osten hin auch immer dünner, Dänemark 1,5 Prozent, Russland 0,3 Prozent.“ Dagegen die Nordsee! Die habe ja durchweg 3,5 Prozent ...

Verzweifelt versuchte ich den Ausgang zu erreichen: „Danke, das reicht mir schon! Ich besorge mir also einen Nordseehering!“

„Halt, warte! Das meiste Salz, das kommt doch aber erst dann dazu, wenn die Fische bereits tot sind! Hier, aus dem Streuer sozusagen! Das hat doch nix damit zu tun, wo der Hering herumpaddelte, du

Dösbaddel! Der Hering aus der Ostsee gilt jedoch als der bessere, weil der größer ist und... Ach was: Hier hab' ich noch `ne gute, alte Kopfschmerztablette und schöne, leicht gesalzene Sprotten dazu ...“

Ja, und was soll ich sagen? Danach ging es mir tatsächlich schlagartig besser – so gut, dass ich die Sprotten am Ende sogar schon wieder mit einem Körnchen zum Schwimmen bringen konnte.

Und gelernt hatte ich schließlich auch noch was.

Wo man ägyptische Mumien findet

Auch der März 1822 begann mit stürmischem und regnitem Wetter, und der Außendeich war beinahe alle Tage unter Wasser. Viele Schiffe sind verunglückt, und die Schiffer sagen, daß sie lange solchen Sturm nicht erlebt haben. Im neuen Hof(*) ist ein merkwürdiges Strandgut angetrieben. Es sind nämlich Mumien in Egiptischen, bunt bemalten Särgen, und dann wieder in Tannen-Kisten gepackt. Leider haben die Strandbewohner selbige entzwei geschlagen und sind die mehrere hundert Jahre alten, einbalsamierten Körper in sich zerfallen. Bis jetzt ist der Eigentümer noch nicht ermittelt und die übrigen Kisten stehen in Freiburg(**).

So trocken steht es in den Annalen „Von den Jahren 1811 bis 1852 inclus.", niedergeschrieben von einem gewissen Diedrich Brümmer, der zu jener Zeit auf dem Siegelhof (heute: Ziegelhof) in Oederquart an der Niederelbe residierte. Man könnte jetzt natürlich meinen, der Mann sei während des Schreibens alles andere als trocken gewesen; ein Pharisäer zu viel in einer stürmischen Märznacht – und schon kommen mal nicht die üblichen rosafarbenen Elefanten vorbei, sondern zur Abwechslung ägyptische Mumien. Aber nein: Den Strandläufern, die damals täglich das Elbwatt auf der Suche nach verwertbaren Überresten havarierter Schiffe abliefen, werden tatsächlich nach dem Öffnen der großen Tannenholzkisten die Haare zu Berge gestanden haben. Denn wirklich waren da einige einbalsamierte vom Nil nach weiter Reise ausgerechnet in der Elbmündung gestrandet. So manches andere aus dem Pyramidenland liegt wohl noch heute im Schlick des Flusses.

Am 12. März des Jahres 1822 sank bei einem Frühjahrssturm der Zweimaster Gottfried. Die Galeasse befand sich auf der Fahrt von Triest nach Hamburg und hatte überaus wertvolle Fracht an Bord, 97 Kisten voll mit altägyptischen Antiquitäten: Schrifttafeln, kleine Statuen, größere Säulen, Stelen, steinerne Krüge für die Eingeweide Einbalsamierter („Kanopen" sagen Fachleute dazu), ein paar Alabastergefäße und sogar einen kleinen Altar und einen Granitsarkophag. Einiges stammte aus den Tagen der Pharaonen, das Meiste jedoch aus der späteren Epoche, in der römische Besatzer in Ägypten das Sagen hatten. Wertvoll war die Sammlung trotzdem allemal. Der preußische General Freiherr Meno von Minutoli*** hatte sie im Auftrag des preußischen Königshofs beim französischen Konsul in Ägypten als „bundle"

günstig erwerben können. Die Kunstwerke sollten via Hamburg nach Berlin verschifft und dort im gerade eröffneten Antikenmuseum ausgestellt werden. Doch dann, kurz vor dem Ziel, kam der verheerende Sturm. Die Kisten mit den Mumien, die auf dem Oberdeck vertäut waren, weil in den Laderäumen kein Platz mehr war, gingen über Bord, der Rest der Fracht versank mit der Gottfried in der Elbe. Wo genau sie heute liegt, weiß man nicht. Durch die Strömung und weitere Sturmfluten wurde das Wrack vermutlich weit vom ursprünglichen Unglücksort weggetrieben und womöglich meterdick mit Schlamm bedeckt. Unmöglich ist es aber trotzdem nicht, dass Sie, lieber Leser, eines schönen Tages beim Wattwandern auf einen Kelch mit Hieroglyphen oder Ähnliches stoßen. Also: Augen auf beim Wattenlauf! Vielleicht müssen Sie sich aber auch gar nicht die Füße nass machen, um ein dekoratives Raumobjekt aus Cleopatras Reich zu finden: Kuriose „Sechseinhalb“ Mumien (so der Katalog) mitsamt ihren dekorativ bemalten Holzsärgen, die zur Ladung der Gottfried gehörten und aus den Fluten gerettet werden konnten, wurden 1822 in Hamburg bei einer Auktion versteigert. Danach verliert sich jede Spur von ihnen. Es waren aber nachweislich acht Mumien an Bord. Eine fehlt also. Vielleicht wurde sie auch gefunden, aber nie abgeliefert – und fristet jetzt als „olle Bauernkiste von Urgroßvaddern“ auf irgendeinem Kehdinger Bauernhofboden ein ruhmloses Dasein. Wem also Ägypten für die Jagd auf antike Schätze zu ausgelutscht erscheint, der sollte sein Glück einfach einmal an der Niederelbe versuchen!

* Anm. d. A. : gemeint ist wohl Neuhof bei Belum, nahe der Ostemündung
** Anm. d. A. : jenes an der Elbe
*** Er hieß wirklich so! Minutoli, der aus bürgerlichen Verhältnissen stammte, hatte sich beim Militär in den Adelsstand gedient und sich im Zuge dessen selbst diesen Operetten-Namen gegeben.

Wo die erste Weltstadt Nordeuropas liegt

Also ich bin ja überzeugter Weltstädter – da hat man nämlich alles, was man so braucht, auf engstem Raum beisammen. Das finde ich sehr praktisch. Darum ist Hamburg, wo ich geboren bin, auch genau das Richtige für mich. Vor rund 1000 Jahren wäre das allerdings ganz anders gewesen – „Hammaborg" war da nur ein kleines Kaff. Das Leben fand anderswo statt: Vom Mittelgebirge bis hin zum Nordpol brummte es nur an einem einzigen Ort so richtig: In Haithabu!

Nee, das finden Sie jetzt nicht so ohne Weiteres auf der Karte – und Ihr Navi hilft Ihnen vermutlich auch nicht weiter. Die Stadt wurde nämlich 1066 geplündert, niedergebrannt und nie wieder auf-

gebaut. Die Überlebenden gründeten stattdessen eine neue Siedlung, ein paar Kilometer von der alten Stelle weg. Die gibt es heute noch und heißt „Schleswig". Das mögen Sie nun zwar kennen ... aber eine Weltstadt ist das weiß Gott nicht. Vom alten Haithabu steht heute allein noch der Halbkreiswall, der die Stadt vor Angreifern schützen sollte. Hat ja aber offensichtlich nicht immer geklappt ... neun Meter hoch war der – und konnte immerhin in seiner guten, soliden Marschbodenbauweise nicht wie die Holzhäuser dahinter abgefackelt werden. Also steht er noch heute. Vor ein paar Jahren hat man außerdem ein paar der Bauten, die hier wohl so (oder so ähnlich) tatsächlich mal standen, rekonstruiert. Das ist nun ein schönes Freiluftmuseum für Wikinger-Lebensart. Ja, Wikinger! Sie wissen schon: Die mit den Hörnerhelmen ... Rollo, Wicki, „Wir saufen den Met, bis keiner mehr steht" und so weiter. Haithabu ist nämlich im 8. Jahrhundert von diesen Wikingern gegründet worden. Die Gegend lag damals ziemlich brach, weil die germanischen Ureinwohner gerade

Die Welt der Wikinger – rekonstruiert in Haithabu

nach England ausgewandert waren. Die Skandinavier nutzten die Chance und nahmen sich die Freifläche einfach. Für sie war der Ort ein günstiger Ausgangspunkt für ihren Handel mit dem Süden: Hierher konnten sie bequem mit ihren Drachenschiffen von der Ostsee aus einfahren und dann ihre Waren entweder direkt an der Grenze zum Frankenreich – die lag gleich um die Ecke – verkaufen. Oder sie transportierten ihr Handelsgut ein paar Kilometer über Land zur Eider, luden dort wieder alles auf Schiffe und schipperten über den Fluss zur Nordsee, in die weite Welt. So eine Art früher Nord-Ostsee-Kanal – ohne Kanal allerdings – war das also hier.

Das hab' ich alles in dem kleinen, aber feinen Wikingermuseum gleich neben der Wallanlage gelernt. Vor allem auch, dass die Wikinger nicht diese rotbärtigen Raufbolde und Saufkumpanen waren, als die sie immer dargestellt werden – die meisten zumindest. Die Hörnerhelme waren wohl auch nicht so verbreitet, wie wir glauben. Draufhauen, dass alle anderen sie fürchteten – das konnten die Hühnen aus dem Norden zwar schon, wenn es sein musste. Aber eher waren sie wagemutige Händler, die mit ihren Schiffen halb Europa besuchten – bis tief nach Russland hinein. Ich kann mir Rollos schwimmendes Kaufhaus schon so richtig vorstellen: „Willkommen zu den Wikingerwochen! Unsere Eisenwarenabteilung empfiehlt Ihnen heute: Kupfer aus Schweden – der Klassiker zum Kampfpreis! Und als Schnäppchen des Ta-

Auf'n Klönschnack mit Rollo

ges: Frische, russische Nerzfelle! Luxus pur – für kleines Geld! Wir akzeptieren fast alle Münzwährungen, nehmen aber auch gern Ihr altes, byzantinisches Geschmeide in Kauf!“

Na, Haithabu wurde auf jeden Fall schnell zum Umschlagplatz Nordeuropas für den Handel mit all den Waren, die zwischen den Fjorden Norwegens und dem märchenhaften Morgenland hergestellt wurden. So, wie eben heute Hamburg der Umschlagplatz im Norden Europas für all das globale Zeugs ist. In dem Museum fand ich sogar einen Bericht von einem Araber, der Mitte des 10. Jahrhunderts extra hier oben war, um sich das alles anzugucken. Ibrahim Bin Ahmed al-Tartuschi hieß der und schrieb damals: „Haithabu ist eine sehr große Stadt am äußersten Ende des Weltmeeres.“ Wenn ein Araber damals überhaupt etwas über eine Stadt im Norden schrieb – so denke ich jedenfalls – und sie dann auch noch „sehr groß“ nannte, dann muss das ja wohl eine Weltstadt gewesen sein. Gut, die hatte in ihren besten Zeiten nur bummelig 1500 Einwohner, mein Hamburg hat heute über 1,7 Millionen – aber damals lebten ja auch noch viel weniger Menschen auf der Erde. Aber es war andererseits noch keine Weltstadt wie Hamburg heute, wo ich im Chor Raue Kehle Altona singe. Das habe ich aus einem anderen Zitat von diesem Tartuschi herausgelesen: „Nie hörte ich hässlicheren Gesang als den Gesang der Bewohner dieser Stadt: Das ist ein Gebrumm, das aus ihren Kehlen herauskommt, gleich dem Gebell der Hunde, nur noch viehischer als dies.“

Na gut, war halt eine andere Weltstadtzeit – denn wir in Hamburg singen auf jeden Fall ganz wunderbar!

Wikinger Lifestyle – gar nicht so übel!

Wo ein kleines Fest ganz groß ist

Wenn der Sommer kommt – also wenn der Sommer kommt… – will man doch raus aus der Bude und lange Abende genießen, oder? Deswegen wurde vor vielen Jahren extra mal die dösige Sommerzeit eingeführt, damit wir nicht so früh wieder rein müssen. Nun ist es trotzdem aufgrund der Temperaturen im Norden nicht immer möglich, die Mahlzeiten und Abende im Freien zu genießen; die Sehnsucht danach ist uns aber durchaus gegeben.

Eine der schönsten Arten, laue Sommerabende zu verleben, bietet sich jedes Jahr im Sommer in Hannover. Dort wird der wunderschöne Barockgarten von Herrenhausen für drei Wochen zum Kleinen Fest im Großen Garten. Wobei der Begriff „Kleines Fest" eine gnadenlose Untertreibung ist: Inzwischen gibt es dort über 30 Bühnen, viele Walk-Acts und mehr als 100 Künstler aus 15 Nationen. Die Eintrittskarten dafür sind inzwischen so begehrt, dass man sich bewerben muss, um bei einer Verlosung im Frühjahr mit Glück eine abzubekommen. So viel ich weiß, gibt es inzwischen keinen Hannoveraner mehr, der sich nicht um Karten bewerben würde. Während man auf Stadtfesten eine Fressbude nach der andern findet, gibt es hier nur ganz wenig organisierte Gastronomie; denn fast alle, die zum „Kleinen Fest" kommen, bringen sich ihr Essen mit. Da gibt es keine Taschenkontrollen und Flaschenabgaben am Eingang, hier ist es Teil des Erlebens, dass man im Vorwege des Abends voller Vorfreude seinen Bollerwagen mit kulinarischen Highlights belädt, um diese dann später im Park stilvoll mit Freunden zu verspeisen. Die erste Stunde des Festes ist dementsprechend auch erst mal dem Ankommen und dem Magen gewidmet. Da sitzen dann 3500 Leute auf dem Rasen, auf Decken oder Campingstühlen und breiten ihre mitgebrachten Speisen aus. Ein unglaubliches Bild. Zwischendurch laufen die Künstler und machen sich und das Publikum warm. Ich selbst durfte schon mehrfach als Akteur an dieser Atmosphäre teilhaben und musste aufpassen, in den drei Wochen nicht zu viel Filet anzulegen. Ich glaube, es gibt im Juli keinen Ort in Deutschland, an dem die Frikadellendichte höher ist als in Herrenhausen. Die Hackpreise ziehen in dieser Zeit in Hannover auf jeden Fall merklich an. Nach einer offiziellen Begrüßung in den unterschiedlichen Landessprachen der beteiligten Künstler eröffnet Harald Böhlmann, der Erfinder und Organisator dieses Festes, als „Mann mit dem Zylinder“ offiziell das Fest. Die – inzwischen gestärkten – Gäste strömen in den Garten und verteilen sich vor den Bühnen. Geübte Zuschauer haben sich vorab bei Freunden, die schon einmal da waren, über deren Favoriten informiert und ziehen daher ganz gezielt von Bühne zu Bühne. Andere lassen sich treiben und gucken mal, was so kommt. Man muss loslassen können an einem solchen Abend, denn nur dann bekommt man einen wirklichen Eindruck von dem ganzen Ausmaß dieses grandiosen Schauspiels. Alles sehen kann man sowieso nicht – da muss man Prioritäten setzen. Wer sich einfach mal abseits der Bühnenpfade bewegt und eine Show sausen lässt, kann sich an phantasievoll kostümierten Stelzenläufern, einem radfahrenden Elefanten oder anderen kleinen Sensationen erfreuen. Wenn im Bollerwagen noch was drin ist, wird zwischendurch natürlich weiter gegessen oder das letzte Bier verhaftet. Sportliche Zuschauer verzichten auf solche Trödeleien und schaffen dafür acht verschiedene Shows – und das, obwohl auf allen Bühnen gleichzeitig gespielt wird.

Tja, und dann, wenn es dunkel wird in Herrenhausen, kommt der Höhepunkt: das Feuerwerk. Gut, es wird heutzutage viel öffentlich geknallt und gefunkelt, aber nirgends in einem solchen Ambiente wie hier, mit klassischer Musikuntermalung zwischen Blumen, Hecken und barocken Statuen. Wer danach nicht beseelt nach Hause geht, ist entweder mit dem falschen Bein aufgestanden oder hat einen Regenschauer abbekommen – was zugegebener Maßen auch hin und wieder mal vorkommt. Aber spätestens, wenn man am Ausgang noch einmal von einem Teil der Künstler und dem Mann mit dem Zylinder persönlich verabschiedet wird, sind auch die paar Regentropfen wieder vergessen. Natürlich wird man sich auch im nächsten Jahr wieder um Karten bewerben...

Wo man abtauchen kann

Einfach mal abtauchen. Vom Erdboden verschwinden. Unerreichbar sein.

Hinab ins Wasser, in die schwerelos erscheinende Welt von Fischen, Krebsen, Tauchern und U-Booten. Schon die Beatles sangen so wunderbar davon: „Ich möchte unter Wasser sein, im Garten des Oktopus, im Schatten..." *

Wenn man a) keinen Tauchschein hat,
b) nicht bei der Kriegsmarine arbeitet,
c) kein Meeresbiologe oder Wrackhistoriker ist,
d) nach dem ultimativen Tauchgang keine Wasserleiche sein möchte,

...dann gibt es nur einen Ort in Deutschland, vielleicht sogar auf der ganzen Welt, an dem man diesen Traum wahr werden lassen kann: Im Kreidesee von Hemmoor, unweit von Cuxhaven. Für subaquatische Fahrten tiefenvernarrter Landratten steht dort nämlich die Eurosub bereit, ein kleines, aber feines Forschungs-U-Boot, wie man es am ehesten aus James-Bond-Filmen kennt. Gelb ist es, ein echtes „Yellow Submarine" – um noch einmal die Beatles zu bemühen. Und wenn es nicht gerade im Einsatz auf hoher See ist, um Schiffswracks vor Helgoland oder die Meeresfauna des Polarkreises zu erkunden, kann ein jeder in dem flotten Dreisitzer auf Tauchfahrt gehen. Das Vergnügen ist nicht ganz billig – aber es lohnt sich allemal! Steigen wir also ein durch die enge Luke nach unten, in die kleine Fahrgastzelle, und nehmen Platz vor dem großen, runden Panoramafenster am Bug. Hey, damit sind wir tatsächlich schon unter Wasser! Die ersten Fische schwimmen bereits vorbei ... Holger, der stolze Besitzer dieses Spezialschiffs und heute unser „Kaleu" (so nannte man doch den Kapitän immer in dem Klassiker „Das Boot", oder?), schließt den „Dom". Das ist die halbrunde Glaskuppel, die als Einstiegsluke dient. Freie Sicht also auch nach oben! „In Deutschland gibt es keinen Führerschein für U-Boote", scherzt der Skipper: „Aber ich habe die Gebrauchsanweisung für diesen Prototypen – den ich übrigens selbst in Auftrag gegeben habe – genau gelesen! Bis in 250 Meter Tiefe sollte er eigentlich bequem kommen. Hier haben wir nur maximal 60 Meter vor uns. Und für 98 Stunden Pressluft an Bord, falls etwas schiefgeht..."

98 Stunden in dieser Sardinenbüchse? Na toll ... Der Luftfilter beginnt

* „I'd like to be under the sea / In an octopus' garden in the shade"

Noch ist der Dom offen – aber gleich geht's hinab

zu zischen, der Elektromotor des Bootes springt an – ein extrem leises Geräusch. Wir legen ab. Abwärts. Nach einigen Metern lächeln uns ein paar Taucher durch das Aussichtsfenster an. Taucher gibt es hier viele: Der Kreidesee von Hemmoor ist eine bekannte Taucherbasis, man könnte auch sagen, eine Art Disneyland für Flaschentaucher. Bis 1976 war hier kein See, sondern ein riesiges Loch im Boden, in dem man Jahrzehnte lang Kalk für die Betonherstellung abbaute.

Als man eine Tiefe von immerhin fast 60 Metern unter dem Meeresspiegel mit diesem Tagebau erreicht hatte, war damit Schluss. Ohne die Pumpen der Betonfabrik nahm sich die Natur wieder ihr Recht: Grund- und Regenwasser liefen ein und der heutige See entstand. Teile der alten Industrieanlage – Strassen, Metallkonstruktionen, ja sogar ein kleiner Wald – blieben jedoch an ihrem angestammten Ort, der nun unter Wasser lag. Für Taucher ist das natürlich ein wunderbares Revier, in dem es immer Neues zu entdecken gibt.

Faszinierende Unterwasser-Wesen ziehen vorbei

Gepflasterte Straßen haben wir eben schon geflutet gesehen – doch was ist das? Da unten liegt eindeutig ein Flugzeug! „Ach ja", meint Holger lächelnd, während wir darauf zutauchen: „Damit es spannender für die Besucher wird, haben wir noch ein paar Dinge extra versenkt. Das Flugzeug da gehörte einmal dem fünften Astronauten auf dem Mond. Wir haben es günstig erwerben können – tja, nun ist es hier…". Und so geht es weiter: Ein altes Polizeischiff, ein LKW, ein weiteres Wrack, die naturgetreue Nachbildung eines Riesenhais. In der Tat weht – oder besser: plätschert – hier ein Hauch von Disneyland. Aber es macht Eindruck! Wir wollen noch weiter in die Tiefe. Ab 40 Metern wird es langsam dämmerig. Nur noch Taucher mit einer Spezialausbildung kommen so weit hinab. Der Tiefenmesser zeigt 50 Meter – und im Halbdunkeln unter uns ahnen wir den Grund des Sees. Was, wenn hier das U-Boot einen Totalausfall hat? „Zur Not steigen wir halt aus", meint Holger lapidar. „Wir nehmen die Atmungsautomaten, fluten die Eurosub und lassen uns dann mit aufgeblasenen Schwimmwesten nach oben steigen. Das ist ein ziemlich rasanter Aufstieg. Aber so lange man dabei nicht die Luft anhält, kann kaum etwas passieren." Und wenn einem in der Panik doch der Atem stockt? Holger verzieht keine Miene: „Dann endet es ziemlich tödlich. Tauchen ist nun mal nicht ganz ungefährlich." No risk, no fun – doch wie bei so vielen gefährlichen Dingen überwiegt auch hier am Ende die Faszination der Unterwasserwelt.

Schließlich steigen wir wieder auf, das Licht wird heller. Noch einmal vorbei an einigen Froschmännern, dann sehen wir auch schon die Pfosten des Anlegers. Der Dom öffnet sich wieder über uns, Frischluft strömt ein – und der Alltag hat uns wieder. Aber irgendwann kommen wir bestimmt einmal zurück: Wenn es wieder einmal an der Zeit ist, abzutauchen.

Wo die höchsten Kirchtürme stehen

Von Süden kommend sind die letzten Kilometer die schönsten. Man legt am besten den guten alten Song der Lassie Singers auf und singt laut mit:

„Kamener Kreuz links vorbei / im Radio läuft HR3 / Frankenhöhe Schnitzelalarm / Superplus and dann nichts wie rauf nach...“ – tja, und wenn dann nicht gerade wieder ein Stau vor dem Elbtunnel ist, fährt man mit dem Refrain ins Elbtal ein: *„... Hamburg / Jesus liebt dich / Wo am Hafen / die Schiffe und die Fische schlafen ...“*

Vor einem erhebt sich nun unvermittelt die elegante Skyline der Hansestadt: Viele Kräne, der Turm des Rathauses, vor allem aber: die fünf dominanten Kirchtürme.

Neuerdings sind da auch noch ein paar Hochhäuser sowie die Elbphilharmonie hinzugekommen – aber reden wir lieber von den Kirchen, die das ursprüngliche Stadtbild seit jeher prägten.

Mit diesen Kirchen ist Hamburg nämlich Weltrekordhalter in Sachen Sakralarchitektur. Nirgendwo

sonst auf dem Globus finden sich so viele Glockenturm-Giganten auf einem Haufen. Von den 15 höchsten Kirchenbauten der Welt stehen stolze vier in Hamburg (und das, obwohl der Untergrund hier alles andere als optimal für ein festes Fundament ist).

Mit fast 148 Metern hat St. Nikolai den höchsten Kirchturm der Stadt – im internationalen Ranking nimmt der Koloss immerhin Platz 5 ein.

Es folgen die Türme von St. Petri mit 132,2 Metern (auf der Weltrangliste Platz 11) und jener – nur 6 Zentimeter (!) niedrigere – des Michels (damit Platz 12 der globalen Kirchturmrekorde). Mit 125,4 Metern ein wenig kleiner (aber immer noch Platz 15) ist da zudem noch St. Jacobis Glockenturm und schließlich als kleinster Bruder der Elbmetropolen-Skyline jener von St. Katharinen (der mit seinen gut 116 Metern immerhin auch noch in den internationalen Top 30 rangiert).

Klar, in ein paar Städten geht es höher – aber eben jeweils nur ein Mal. Sieger aller Klassen ist das Ulmer Münster mit 161,5 Metern, dessen Turm monolithisch aus der Stadt herausragt. Ebenso stehen die beiden Türme des Kölner Doms (Platz 3) und jener der Kathedrale von Rouen (Platz 4) allein auf weiter Flur.

Beim Vizemeister der sakralen Höhenflüge kann man sich gar ein wenig streiten, ob der nicht außer Konkurrenz läuft: Es handelt sich um die Basilika Notre-Dame de la Paix in Yamoussoukro, Elfenbeinküste, bei der nur auf einen cirka 130 Meter hohen Kuppelbau ein riesiges Kreuz aufgesetzt ist.

Doch das ist weit weg. Vor uns liegt die vieltürmige, stolze Hafenstadt an der Elbe.

Die Lassie Singers singen ihre letzte Strophe: „*Du eitle Hanse / Alle wollen dich / und du weißt das …*“ Wir singen immer noch mit: „*… und du brauchst das / Du sexy Hamburg!*“

Dann verschwinden wir im Elbtunnel.

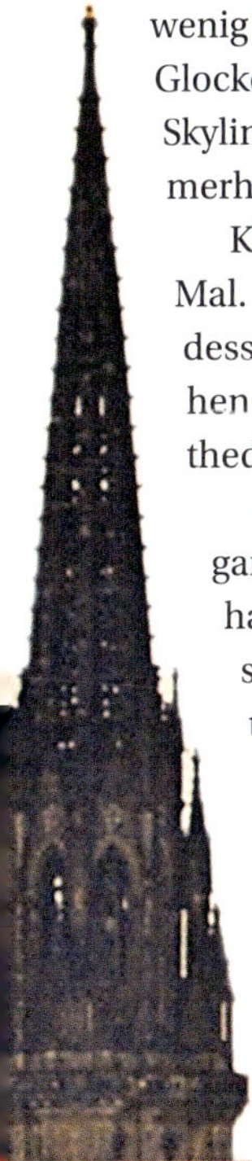

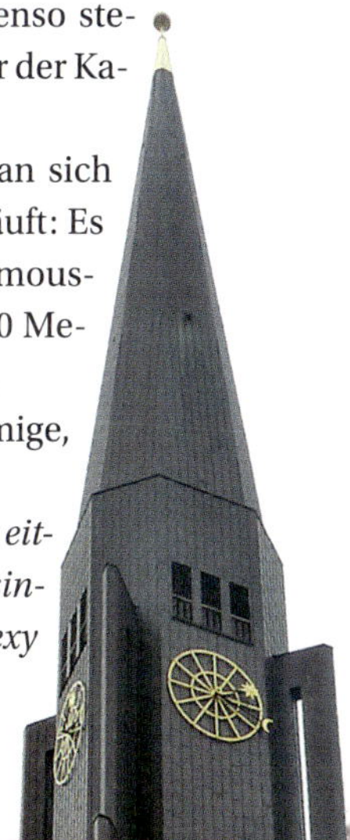

5 Giganten des Sakralbaus – und ein Fan

Achtung! Globus ist für die Planung der nächsten Reise nur sehr bedingt zu gebrauchen!

Wo das achte Weltwunder steht

Die Sieben Weltwunder kennt man ja: Den Koloss von Rhodos, die Hängenden Gärten von Babylon, die Zeusstatue in Olympia und so weiter. Genauer gesagt: Man kennt sie eher nicht! Denn außer den Pyramiden von Gizeh ist keines mehr von ihnen erhalten.

Zum Glück gibt es aber auch noch das Achte Weltwunder (zumindest nennen es einige so). Dies steht in schönster Pracht in Norddeutschland neben den vielen anderen Wundern, die das Landesmuseum Schloss Gottorf in Schleswig zu bieten hat. Schloss Gottorf ist auf jeden Fall eine Reise wert – das Gebäude an sich, das als eines der bedeutendsten Bauwerke Schleswig-Holsteins gilt und eine 800-jährige Geschichte aufweist, wie auch seine Museen! Weltrang besitzt das Archäologische Landesmuseum: Hier findet sich z.B. das Nydamboot, ein 23 Meter langes Schiff, das um 320 n. Chr. gebaut wurde und bestens erhalten geborgen werden konnte. Oder die geheimnisvollen Moorleichen aus Windeby, die nach fast 2000 Jahren ihre letzte Ruhe in lederartiger Konsistenz als Ausstellungsstücke gefunden haben.

Das Achte Weltwunder findet sich jedoch etwas abseits dieser Sensationen im Schlossgarten (der übrigens der erste Terrassengarten nördlich der Alpen überhaupt war – an Superlative gewöhnt man sich in Schleswig sehr schnell). Er wurde zwischen 1650 und 1664 im Auftrag des in die Wissenschaften geradezu vernarrten Herzogs Friedrich III. von Gottorf konstruiert. 3,11 Meter beträgt der Durchmesser dieses Objekts – für ein normales Arbeitszimmer also etwas ungeeignet. Daher wurde für die Weltkugel ein eigener Pavillon errichtet, der allerdings nicht mehr existiert. Auf der Außenseite des Globus sieht man die damals bekannte Welt – also Europa, Asien, Amerika und Afrika. In Dimensionen, die für eine heutige Reiseplanung eher kontraproduktiv sind. Der eigentliche Clou ist jedoch, dass man durch eine Einstiegsluke, die ein bisschen an eine Raumkapsel erinnert, in das Innere der Kugel gelangt. Dort nimmt man an einem gemütlichen, runden Tisch Platz – in alten Zeiten hatte man bestimmt einen leckeren Wein dabei – und dann beginnt sich das Firmament über einem zu drehen. Was es allerdings auch ohne Wein tut. Über den Köpfen der Besucher ziehen die Sterne der Nacht und ihre Bil-

Auf welchem Schreibtisch soll so ein Globus wohl stehen?

Schloss Gottorf ist eine Reise wert

Im Inneren der Kugel kann man nicht nur feiern...

der vorbei. Die Bilder sind an die Kugel gemalt, die Sterne selbst durch insgesamt rund 1100 Messingnägel mit viereckigen Köpfen (die im Schein einer Kerze wohl tatsächlich sternengleich funkeln) dargestellt. Das Himmelszelt dreht sich in einem vollkommenen Kreis über dem Tisch – ein Wunder! Eines, das sich sogar regulieren ließ: Im „Normalzustand" drehte sich das – durch Wasserkraft bewegte – Planetarium in Echtzeit. Durch ein paar Einstellungen an der Globusmechanik, für die es eine Art „Kontrollpult" in der Globuskabine gab, konnte man den Lauf der Sterne jedoch auch beschleunigen – so, wie es heute bei den Führungen getan wird ... Ja, wir müssen es nun zugeben: Der Riesenglobus, den wir heute als Achtes Weltwunder sehen, ist nicht das Original aus dem 17. Jahrhundert, sondern ein sorgfältig rekonstruierter Nachbau aus dem Jahr 2005, der ganz profan durch einen Elektromotor betrieben wird. Das Gebäude, in dem er steht, ist ein Neubau ohne direkte historische Bezüge; allerdings ist er genau dort errichtet worden, wo ursprünglich der Pavillon stand.

Der Original-Globus galt schon bald nach seiner Fertigstellung als eine der größten Sensationen des modernen Europas und zog viele Besucher an. Einer davon war der russische Zar Peter der Große, der hier während des Nordischen Krieges eher zufällig vorbeikam. Er erblickte das Rund, war begeistert – und wollte es unbedingt haben. Egal, ob nun eher als Geschenk oder doch mehr als Kriegsbeute: Man überreichte dem Zaren das Wunder. Was allerdings nicht ganz einfach in die Tat umzusetzen war: Eine Wand des Pavillons musste fast vollständig eingerissen werden, um die Kugel überhaupt herauszubekommen (das nun ungenutzte Bauwerk verfiel danach und wurde 1769 abgerissen). Und dann dauerte der Transport auch noch vier mühevolle Jahre, bis der Globus endlich in St. Petersburg eintraf. Peter und seine Nachfolger konnten sich immerhin noch eine ganze Weile daran erfreuen. 1747 brannte jedoch die Kunstkammer des Zaren, in der sich dieses Weltwunder befand, aus. Die Überbleibsel der Konstruktion aus Eisen und Kupfer sind bis heute in St. Petersburg erhalten und dienten als Vorlage für den Nachbau, den wir heute in Schleswig als Achtes Weltwunder bestaunen dürfen.

Der Hamburger Michel und sein Hummel

Was auf „Hummel, Hummel“ folgt

Der Norddeutsche neigt nicht grade zu Übersprungshandlungen. Das hat den einen oder anderen Auswärtigen schon zur Weißglut getrieben. Man freut sich hier eben mehr im Stillem. Oder anders gesagt: Man freut sich, wenn man anderen beim Freuen zugucken kann. Das kann man immer gut bei hiesigen Großveranstaltungen sehen. Die Moderatoren auf den Bühnen reden ohne Unterlass davon, wie gut alle drauf sind – aber du siehst es nicht. Stattdessen stehen alle da, als hätten sie einen Stock im Hintern. Aber das ist hier nun mal so. Gute Laune lässt man sich im Norden nicht vorschreiben. Der Einzige, der das darf, ist der Alkoholpegel. Wenn der sagt, „Du bist jetzt gut drauf“, dann sagt man, „Ok, ich mach mit“. Aber sonst geht das nicht. Deshalb müssen Künstler auf einer Bühne erst mal ordentlich was auf den Tisch legen und für gute Laune sorgen, bevor die Zuschauer mit den Schlüpfern schmeißen.

Eine Ausnahme davon bildet allerdings der so genannte „Hamburger Gruß", der in ganz Norddeutschland sehr beliebt ist: „Hummel Hummel" – egal, wem man das entgegenruft, immer kommt gleich ein zackiges „Mors, Mors!" zurück. Und schon herrscht Stimmung. Faszinierenderweise funktioniert das inzwischen sogar dort, wo die meisten gar nicht wissen, was sie da sagen. In Bayern zum Beispiel. Die denken wohl, das sei so etwas Ähnliches wie „Moin Moin" und wollen einfach nur höflich sein. Wenn die wüssten, dass mit „Mors" ein Körperteil bezeichnet wird, den wir zwar hin und wieder in die Hand, aber eher selten in den Mund nehmen. Im Klartext: Auf „Hummel, Hummel" ruft eine ganze Region „Arsch, Arsch". Warum sich darüber auch noch alle freuen, wird wohl auf ewig ein norddeutsches Geheimnis bleiben. Aber ein schönes Geheimnis.

Wo genau der Ursprung dieses „Hamburger Grußes" liegt, ist nicht abschließend geklärt. Höchstwahrscheinlich geht er auf den Hamburger Wasserträger Johann Wilhelm Bentz (1787–1854) zurück. Dieser wohl allgemein etwas grummelige, aber für die Trinkwasserversorgung durchaus wichtige Zeitgenosse wurde von den Straßenkindern mit seinem Spitznamen „Hummel" gehänselt, sobald er irgendwo mit seinen beiden Wassereimern auf den Schultern auftauchte. Auf die Sticheleien antwortete er stets mit einem lautstarken, unhöflichen „Mors, Mors". Dies war wohl seine persönliche Kurzform für den bekannten Fluch „Klei di an'n Mors" – die Plattdeutsche Variante des berühmten Götz-von-Berlichingen-Worte, die noch heute in aller Munde sind: Leckt mich am Arsch.

Wohlgemerkt: Dieser Wortwechsel wird bitte nicht als klassischer Gruß benutzt. Es ist eher ein geheimes Erkennungszeichen von Hamburgern in der Fremde oder ein Schlachtruf beim Sport. Wenn ein Tourist in der Hansestadt damit „Guten Tag" zu sagen versuchte, würde er bestenfalls verständnislos angesehen. Im schlimmsten Fall kriegte er ein genervtes „Arsch!" auf Platt zu hören – aber das hätte in diesem Fall wenig mit dem Hamburger Gruß zu tun.

Wie man (K)eine Moorleiche wird

Einstmals war Norddeutschland über weite Strecken hinweg mit Mooren bedeckt. Für diese Zwitter aus Land und Wasser fanden sich hier die idealen Bedingungen: Ebenes Terrain, zu viel Niederschlag und zu wenig Abfluss desselben. Salopp gesagt sind Moore nämlich überwachsene Wasserflächen – und die taugen für nichts so recht, weil man auf ihnen nichts anbauen kann und zudem bei ihrer Überquerung auch noch nasse Füße bekommt (dazu später mehr). Deshalb hat man schon vor etlichen Jahrhunderten damit begonnen, die Moore trockenzulegen und aus dem Kladderadatsch gutes, norddeutsches Bauernland zu machen. Heute gibt es nur noch ein paar kleine Feuchtflächen, zum Beispiel im Teufelsmoor, nördlich von Bremen. Dort, auf einer kleinen Erhebung, liegt auch das Örtchen Worpswede, das sich als „Künstlerkolonie" einen

Namen gemacht hat. Ende des 19. Jahrhunderts entdeckten einige Maler, Bildhauer und Poeten die bedrückende Schönheit der Wasserlandschaften und der aus ihnen entstandenen Weideauen für sich und siedelten sich hier an. Sehr zum Befremden der alteingesessenen Bauernschaft übrigens, die mit all dem Kunstzeugs und dem erotischen Durcheinander bei den Artisten recht wenig anfangen konnten. Immerhin brachten die Farbklecksler Geld mit – und Geld spült der Kunst-Hype noch heute in die Ortskassen.

Doch nicht nur auf Künstler und ähnlich Suizidgefährdete übt das Feuchtgebiet eine Faszination aus – auch Horrorfans jeglicher Couleur zieht diese Landschaft magisch an. Da gibt es die Moorleichen, die in keinem guten Heimatmuseum fehlen sollten. Immerhin rund 600 davon hat man allein in Deutschland bisher gefunden. Es sind größtenteils die sterblichen Überreste von Menschen, die im Morast versenkt wurden, nachdem sie zuvor gewaltsam ums Leben gebracht worden waren. Unfallopfer

Keine Angst. Noch tiefer ist Herr Momsen nicht gesunken

gibt es nur wenige unter den Moorleichen. Durch die anaeroben Bedingungen des Moorbades werden die Toten recht gut und dauerhaft konserviert, sodass es auf den ersten Blick schwer zu sagen ist, ob so eine Moorleiche 20 oder 2000 Jahre unter dem Schlamm lag. Nach eingehender Untersuchung wurde aber festgestellt, dass die meisten schon vor weit über tausend Jahren zu Tode kamen – dies zur Beruhigung ...

Mit solchen Kähnen transportierte man Torf taus dem Moor

Außerdem gibt es im Moor die Irrlichter, angeblich kleine Gasflammen, die aus den aufsteigenden Fäulnisgasen entstehen. In Wirklichkeit sind es natürlich die Seelen Ertrunkener. Beziehungsweise: Versunkener. Das kennt man ja aus so manchem Film: Patsch, Patsch hechelt da jemand durch das Nebelmoor. Dann ein falscher Schritt, der Mensch sackt erst mal bis zum Bauchnabel ein – und dann geht es ganz, ganz langsam weiter abwärts. Am Ende winkt nur noch die ausgestreckte Hand einen Abschiedsgruß in die Kamera. Schließlich: Schlamm drüber.

Damit Ihnen, lieber Leser, so etwas nicht passiert, wenn Sie einmal zufällig durch eines der letzten norddeutschen Moore gehetzt werden, hier einige nützliche Informationen.

Die nützlichste vorweg: So, wie im Film, werden Sie niemals untergehen. Genauer: Sie können eigentlich gar nicht versinken. Der Moorboden ist nämlich ein dichter Teppich aus lebender und toter Biomasse, der auf einer Schlammschicht schwimmt. Allermeist kann man ohne Weiteres darauf gehen – auch wenn der Boden etwas schwankt. Gefährlich sind nur vereinzelte Löcher in diesem Gespinst. Hier geht es tatsächlich – wie bei jedem guten Loch – urplötzlich in die Tiefe. Aber nicht so, wie Sie in normalem Wasser versinken würden: Durch die ganzen „Zutaten“ des Moorwassers – Schlamm, Schwebteilchen, organische Reste usw. – hat dieses eine geringere Dichte als unser gutes, altes H2O. Sie als Hohlkörper – das ist nicht despektierlich gemeint! – können darin also gar nicht vollständig versinken. Nichts zieht Sie in die Tiefe – es sei denn, da unten ist ein übellauniger Froschmann. Aber der hat ziemlich schlechte

Karten, denn die meisten Löcher im Moor sind nicht besonders tief. „Einbrüche“ enden meist bereits irgendwo am Bein. Das ist zwar ärgerlich, weil man sich (wie eingangs erwähnt) wieder einmal nasse Füße geholt hat, aber man kann ohne Weiteres aus der Pfütze wieder herauskrabbeln. Schlimmstenfalls bleibt der Gummistiefel zurück.

Eine reale Gefahr geht nur von den ganz wenigen wirklich tiefen Löchern aus: Die eigentliche Tücke des Moores liegt dabei allerdings darin, dass das Unterwasser sehr kalt ist – die Sonnenwärme kann ja nicht durch den oberen Pflanzenteppich dringen. Wenn man also nicht schnell handelt, kühlt der Körper rasch aus, man wird ohnmächtig – und womöglich irgendwann einmal als eine hübsche Moorleiche in einem Heimatmuseum ausgestellt. Also: Keine Panik! Nicht wild um sich schlagen und Kraft vergeuden! Bleiben Sie cool, um nicht auszukühlen! Um Hilfe zu schreien, kann trotzdem nicht schaden – vielleicht ist ja zufällig jemand in der Nähe, um Sie zu retten. Aber Vorsicht! Auch der übellaunige Froschmann könnte Ihren Hilferuf hören. Beginnen Sie daher vielleicht doch lieber ohne fremde Hilfe, um Ihr Leben zu kämpfen: Ertasten Sie, wo am Lochrand der Untergrund am stabilsten erscheint. Legen Sie Ihren Oberkörper so weit es geht darauf. Versuchen Sie nun, langsam auf diesen festeren Grund zu robben; suchen Sie dabei Halt an Sträuchern, Gräsern, Binsen, um sich langsam, aber stetig aus dem Schlamassel herauszuziehen ... geschafft! Nun müssen Sie nur noch den Weg nach Hause finden – und dann ab in die heiße Badewanne. Wenn Sie dann dort mit Ihrem Entchen planschen, werden sie verstehen, warum unsere Vorfahren einstmals feste Bohlenwege durch die Moore bauten, warum sie diese Feuchtgebiete nach und nach trockenlegten – und warum Sie vor Ihrem Spaziergang von diversen Hinweisschildern vor dem „Verlassen der ausgezeichneten Wege“ gewarnt wurden ...

Wie man den Elbtunnel lahmlegt

Wenn man von Nord nach Süd oder von Süd nach Nord in Europa will – also z.B. von Klixbüll nach Lissabon -, dann kommt man an einem Monumentalbauwerk garantiert kaum vorbei: dem Elbtunnel. Genauer gesagt, dem Neuen Elbtunnel, der ja ein Teil der A 7 ist. Über den Alten Elbtunnel, der neben den Hamburger Landungsbrücken liegt, reden wir hier einfach mal nicht, weil der für die 120.000 Autos pro Tag, die aus Lissabon oder sonst woher kommen und unter der Elbe durchwollen, einfach zu klein ist. Blöd ist nur, dass der Neue Elbtunnel eigentlich auch zu klein für die ganzen Autos des Hamburger

Freie Fahrt für freie Bürger: Manchmal kommt man ganz schnell durch den Elbtunnel...

Nah- und Europäischen Fernverkehrs ist. Denn es ist eben: ein Tunnel! Also so eine Art Schlauch mit Trichter dran, ein Nadelöhr, ein Flaschenhals, eben ein „Da-wo-sich-alles-staut". Und das tut das da so gut wie immer. Egal wie viel Röhren die auf haben. De facto kann man für die gut 3 Kilometer unter der Elbe mal locker eine halbe Stunde Fahrt einkalkulieren. Wenn man Glück hat, schafft man die Strecke auch in 3 Minuten – aber wann hat man in dem Tunnel schon mal Glück? Der Stau ist jedenfalls immer für Dich da. Als Alternative bieten sich die Elbbrücken der A 1 an. Aber da ist auch immer Stau. Und dann muss man

auch noch in einem Riesenbogen wieder zurück nach Norden. Da kann man – wenn man genug Schwung im Süden holt – ja fast gleich über Berlin und Rostock fahren. Oder über Polen. Aber da ist bestimmt auch Stau. Dann doch lieber unter der Elbe durch.

Aber wie kommt das eigentlich, dass ständig Stau vorm Tunnel ist? Neulich hab' ich das mal live erleben können. Da fahr' ich ganz entspannt auf meine Röhre zu und denke schon: „Wat scheun! Mal kein Stau!" . Und dann kachelt doch so ein Lastwagen an mir vorbei. Nicht, dass ich unbedingt was gegen überhöhte Geschwindigkeit hätte – aber der Dösbaddel von Lkw-Fahrer hatte hinten seine Plane nicht richtig festgemacht. Schwupp – schon segelt sie in die Luft und flattert lustig mitten in die Sensoren der Höhenkontrolle hinein! Schlagartig fängt es an zu blinken und alle Ampeln vorm Tunnel schalten auf Rot. Tja, und da stehst Du nun und wartest... Dann kommt die Feuerwehr. Die rücken dafür tatsächlich mit einem Löschwagen an, weil sie ja noch nicht wissen, was genau los ist. Die Jungs suchen natürlich den Verursacher des Alarms und haben ihn dank eines hübschen Video-Bildes von der Überwachungskamera auch schnell ausgemacht. Daraufhin darf der LKW-Fahrer an die Seite fahren. So viel ich sehen konnte, hat der erst mal einen mächtigen Einlauf gekriegt!

Hinter mir staute es sich schon wieder auf mehreren Kilometern – aber ich war ja diesmal in der Pole-Position und hatte dann, als die Ampeln endlich wieder auf Grün schalteten, für einige Meter den Tunnel ganz für mich alleine – was ich nach der langen Vorfreude auch richtig genossen habe. Durch den Tunnel selbst bin ich dann immerhin tatsächlich in drei Minuten gekommen...

Ein paar Tage später les' ich in der Zeitung, dass so'n Brummi mit einem Segelboot auf dem Anhänger ganz locker alle roten Ampeln ignoriert hat, dann den aufgerichteten Mast stoisch an der Tunneleinfahrt halbierte und mit dem Stummel auch noch die Decke des Unterwasser-Bauwerks verzierte. Angeblich hat er von alledem nichts gemerkt. Das muss bei dem aber genetisch sein, wenn der glaubt, dass so eine Yacht auf einem Anhänger mit voller Takelage niedriger als 4 Meter ist. Genau das ist nämlich die Marke, bei der die Höhenkontrolle anschlägt. Gut, die Deckenhöhe in der ganz neuen Röhre beträgt sogar 4,90 Meter, da soll man mal nicht so kleinlich sein – könnte man jetzt sagen. Andererseits hat man in der Straßenverkehrsordnung extra einen eigenen Unterparagraphen eingeführt, in dem eben steht, dass man nicht höher als 4 Meter sein darf mit seinem Fahrzeug im Elbtunnel. Wenn man dann doch mit 4 Meter 89 auf der Karre da durch will ist das so, als würde ich sagen, dass ich auch mit mehr als 0,5 Promille ganz locker Auto fahren könnte. Aber wenn ich erwischt werde, ist der Lappen trotzdem weg... So ist das eben.

Abgesehen davon, dass ich ganz froh bin, wenn mir nicht so ein halber Mast auf die Motorhaube fällt, ist diese automatische Höhenkontrolle aber auch noch ein ganz anderer Segen für uns Hamburger: Sie spült ordentlich Geld in unsere Stadtkasse! Ganz billig ist der Spaß mit der Vollsperrung nämlich nicht: 240 Euro werden dafür fällig, dazu noch ein ordentlicher Zuschuss für die Kaffeekasse der Feuerwehr. Bei 800 Alarmen im Jahr kommt da ganz schön was zusammen...

Aber das ist nichts gegen die indirekten Staukosten, also die finanziellen und emotionalen Verluste all der armen Menschen, die durch das Verkehrschaos zu spät zur Arbeit, nach Hause, zum Konzert, zu ihrer Hochzeit, nach Lissabon oder sonst wohin wollen – und dann wegen irgendeinem Dösbaddel in der stehenden Blechlawine gefangen sind! Also mir wäre das ja peinlich, wenn ich so etwas verursachen würde... Aber wenn Sie die Höhenkontrolle unbedingt mal kontrollieren wollen: Bitte!

Nehmen Sie aber vielleicht zum Ausprobieren erstmal einen Luftballon an einer 4 Meter langen Leine – und keinen Segelschiffmast ... Danke!

Die Elbe fließt durch märchenhafte Landschaften

Was es mit den Elfen der Elbe auf sich hat

Drei Ringe den Elbenkönigen, hoch im Licht..." - so beginnt das Gedicht über den „Herrn der Ringe" in J.R.R. Tolkiens gleichnamigem Fantasy-Epos. Sind die edlen Elfen aus Lothlorien also womöglich zugleich auch die Könige von St. Pauli? Ja, so könnte man meinen, wenn man sich den Namen des norddeutschen Hauptflusses, so ansieht: „Elbe" auf Hoch-, „Elv" auf Niederdeutsch ... Und im Altnordischen heißt „Älfr" auch noch: „Elfe".

Schon sieht man im Geiste die Arwen, Legolas & Co auf Vollmond beschienenen Elbauen singend wandeln ... Sind sie womöglich die Vorfahren von Landwirt Früchtenicht und Bauer Piepenbrink? Die tragen ja noch immer auf dem Elb-Deich ihre Liedchen vor - zumindest nach dem 10. Vatertagsbierchen.

Eine Mär von der Elbe hat sich lange zumindest in den Geografiebüchern Deutschlands gehalten: Dass sie der drittlängste Fluss Europas sei

– nach Donau und Rhein.

Das mag so gewesen sein zu Zeiten, da die Weltscheibe im Osten irgendwo kurz hinter dem Eisernen Vorhang einfach aufhörte und alles Wasser von dort ins Weltall fiel.

Heute jedoch wissen wir, dass die Erde eine Kugel ist und Europa erst beim Ural endet. So gesehen ist die Elbe der vierzehntlängste Fluss der Alten Welt. Die Wolga ist mit ihren rund 3530 km mit Abstand der längste, die Donau (ca. 2800 km) immerhin an Platz zwei. Bis zum Rhein (bummelig 1230 km) auf dem zwölften Platz und dann eben der Elbe auf Platz 14 (1094 km) gibt es da aber einige längere Ströme, die auf so ungewöhnliche Namen wie Kama (gutes oder schlechtes?), Oka (ist das russisch für „OK"?) oder Belaja (kommt da nicht der gute Kaviar her?) hören. Doch vielleicht sind dies auch nur Geisterflüsse – denn war jemand jemals an ihren Ufern?

Sehen wir lieber auf jenen Strom, der praktisch real (mehr oder minder) vor uns liegt, weil er durch vier der fünf nördlichen Bundesländer fließt – Bremen muss leider draußen bleiben.

Eine märchenhafte Reise hat die Elbe bereits hinter sich, wenn sie bei Schnackenburg in die Nordgefilde mündet. Sie entspringt im sagenumwobenen Riesengebirge in Tschechien. Der Geist Rübezahl, der hier wohnt, schaut manchmal auf sie herab. Schon einen Kilometer nach ihrer Quellgeburt tut sie einen tiefen Fall: 40 Meter hinab bei der sogenannten Elbfallbaude. Von hier ab geht es jedoch wesentlich gemächlicher weiter in einem weiten Bogen durch das schöne Böhmen, das laut William

Shakespeare ja am Meer liegt (vermutlich meinte er damit den Zustrom zur Nordsee – denn ein Genie irrt sich nie!). Die Goldene Stadt Prag lässt sie leider links liegen; stattdessen fließt sie nun zielstrebig nach Sachsen, auf das Elbflorenz Dresden zu. Von dort geht es weiter zu anderen welthistorischen Stätten: Porzellanstadt Meißen, Schlachtenstadt Torgau, Lutherstadt Wittenberg, Kaiserstadt Magdeburg ... um nur einige zu nennen.

Schließlich erreicht sie die geheimnisvollen, nebeligen Nordlande: Vorbei an der alten Festung Dömitz hin zum Mysterium von Geesthacht. Hier, wo die Schiffe Fahrstuhl fahren müssen, verwandelt sich der Süßwasserstrom und mischt sich mit salzigem Meerwasser. Der Fluss wird breiter, verästelt sich: Hamburg, der zweitgrößte Hafen Europas, ist erreicht; allerlei Seemannsgarn wird auf den Schiffen aus aller Welt gesponnen. Am Ausgang des Hafens wartet in Teufelsbrück bereits der Leibhaftige und grinst von seiner Duckdalbe aus alle Reisenden an. „Bald gehört Ihr mir!", scheint er zu flüstern. Doch die Reise geht ohne Probleme weiter. Vorbei am Alten Land, das dem Auenland verdächtig ähnelt, nähert er sich unaufhaltsam der Nordsee. Auf den Sandbänken des Flusses tummeln sich nun manchmal barbusige, bärtige Seejungfrauen, die nur von sehr nüchternen Realisten als „Seehunde" bezeichnet werden. Und schließlich: Das Meer ...!

Ganz klar also: Die Elbe ist ein Elfenfluss!

Dann jedoch die Enttäuschung: „Elb" und „Elv" bedeuten in der alten deutschen Sprache nicht „Elfe" – sondern einfach nur „Fluss"; „Älf" sagt man dafür auch im Altnordischen, mit der „Älfr" hat das nichts zu tun.

Aber wer ist schon so bescheuert, einen wichtigen Fluss einfach „Fluss" zu taufen? Dann müssten ja auch Rhein und Donau „Elbe" heißen! Sprachwissenschaftler sind sich daher heute ziemlich sicher, dass der Name gar nicht von diesem Wort für „Fluss" stammt, sondern von dem indogermanischen albhos – was soviel wie „hell" oder „weiß" bedeutet. In den ersten schriftlichen Berichten über dieses Gewässer sprechen die Römer vom „fiumen albis"; von den Germanen ist bekannt, dass sie die Elbe einst Albia nannten. Beides bedeutet soviel wie „Weißer Fluss". Dieser Name ergibt Sinn, denn der Grund der Elbe ist recht sandig, wodurch das Wasser hell erscheint – heller als das der meisten anderen Flüsse.

Aber ein weißer Fluss – das ist doch auch ganz toll! So mystisch! Wie Weißer Ritter, Weißer Riese, Gandalf der Weiße ... es ist eben doch eine Elben-Elbe!

Gleich taucht Gollum auf – oder doch nicht?

Wie die Störtebeker AG sich mit den Global Playern anlegte

Kriegt Ihr von Euren Hungerlöhnen Eure Kinder satt? Ich hatte einen Traum von Frieden und Freiheit. Ich träumte von einem Fleckchen Erde, wo die Menschen von Ihrer Hände Arbeit leben können. Ihr Glück finden. Und vielleicht sogar die Liebe. Ja, auch davon habe ich geträumt. Aber selbst dieser Traum war eine zu große Bedrohung für die Hanse. Denn die Hanseaten träumen nur von Macht und Geld!“ – ein Hauch von sozialistischem Abendrot weht über den letzten Worten des berühmten Freibeuters Klaus Störtebeker, bevor er unter einer fahrbaren Guillotine seinen Kopf verliert. Aber wen wundert's, sind wir doch auf dem Gebiet der früheren DDR. Genauer: Bei den Störtebeker-Festspielen in Ralswiek auf der Insel Rügen, einem bunten Freiluftspektakel mit gewagten Stunts und beeindruckender Pyrotechnik, opernhafter Musik und spektakulären Massenaufläufen, das alle Jahre wieder Abertausende von Besuchern anzieht.

Von der historischen Wahrheit eines Klaus Störtebeker ist die Show allerdings mit an Sicherheit gren-

Das knallt: Störtebeker-Spektakel auf Rügen

zender Wahrscheinlichkeit mindestens ebenso weit entfernt wie die Ostseeinsel Rügen vom Hamburger Grasbrook, jenem Ort, an dem der „echte“ Störtebeker 1401 seinen Kopf verloren haben soll. Was übrigens auch kein historisch belegtes Faktum ist. Sicher können wir uns aber immerhin sein, dass die letale Operation nicht mit einer Guillotine vorgenommen wurde – denn die wurde erst 1789 erfunden.

Das alles macht aber letztendlich nichts, denn außer ein paar Hinweisen, dass es irgendwann einmal einen Mann (oder gar: mehrere Männer) mit dem hübschen plattdeutschen Namen für „Stürz-den-Becher“ gegeben hat, wissen wir über den Piraten-Klausi – gar nichts!

Er ist eine Legende. Teile seiner Lebensgeschichte basieren wohl auf historischen Tatsachen, der große Rest wurde jedoch hinzugedichtet. Eine Legende ist, wie Legenden nun mal so sind: Es gibt davon einige Varianten. Fügen wir hier doch einmal eine weitere hinzu, die auf moderner Sichtweise und neuesten historischen Fakten fußt:

Es war einmal ... ein gewisser Herr Störtebeker, der trug den Vornamen „Klaus“ (vielleicht hieß er auch Claas, Nikolaus oder Johann – egal!). Er wurde irgendwann um 1360 in Rotenburg an der Wümme, Verden an der Aller, der Hansestadt Wismar oder vielleicht sogar im fernen Danzig geboren. Dieser Klaus jedenfalls ergriff den ehrbaren Beruf eines Freibeuters. Das war in jener Zeit zumeist eine Art Staatsbediensteter. Er plünderte und raubte im Auftrag eines Staatenlenkers – weshalb böse Zungen behaupten, die Freibeuter wären eine Art Vorläufer der heutigen Steuerbeamten gewesen. In einem multinationalen Unternehmen namens

Vitalienbrüder, das lange für den schwedischen König Albrecht arbeitete, machte unser Klaus Karriere und brachte es schließlich gar zu einem Aufsichtsratsposten. Zum Hauptgeschäft der Firma gehörte es, Schiffe der Dänen und der mit den Dänen verbündeten Hansestädte „feindlich zu übernehmen“ und damit die Handelsmacht Schwedens im Ostseeraum auszubauen.

Den Angestellten dieser Freibeuter-Company winkten hohe Saläre und Bonuszahlungen (anders als heute waren diese durchaus gerechtfertigt, da es sich bei der Seeräuberei um eine mitunter lebensgefährliche Sache handelte, bei der man tatsächlich ein persönliches Risiko einging). Alles Erbeutete durfte einbehalten und steuerfrei veräußert werden. Dabei kamen wohl recht hübsche Sümmchen zusammen: Eine nette Legendenvariante besagt, dass man von Störtebekers Nachlass den Turm der Hamburger Katharinenkirche vergoldet habe (aber das könnte man von den Gehältern der Ackermanns, Obermanns & Co. von heute vermutlich auch locker ...).

Das Betriebsklima war bei Störtebekers Freibeutern ausgezeichnet (legendär die Incentives, bei denen der Chef seinen Vier-Liter-Humpen Bier in einem Zug leerte!), das Honorierungsmodell entsprach gar dem sozialistischen Wunschtraum: Alle Mitarbeiter erhielten den gleichen Anteil an den Gewinnen, weshalb sie sich auch „Likedeeler“ – also „Gleichteiler“ – nannten. Letzteres klingt allerdings so fantastisch, dass es wohl wirklich nur eine Legendenfantasie ist. Ähnlich wie jene, wonach sich die Firma gesellschaftlich engagierte und Teile des Jahresumsatzes an sozial Schwache abgab.

Das Piraten-Business lief auf jeden Fall bestens und Störtebeker sowie die anderen Vorstandsmitglieder der Vitalienbrüder sannen auf eine Expansion in den Nordseeraum. Auch dort gab es einiges zu tun: Der Handel zwischen Hamburg und England sollte im Auftrag eines neuen Kooperationspartners, Albrecht I. von Bayern, Graf der Niederlande und des Hennegau, gestört werden. Doch damit legte sich das relativ junge Start-Up-Unternehmen mit dem alteingesessenen Global Player Hamburg an – ein gewaltiger Fehler! Die Hanseaten waren offenbar in ihrer Performance unterschätzt worden, sie waren nicht nur bestens aufgestellt, sondern auch solvent genug, eine hochmoderne Kriegsflotte unter Simon von Utrecht in diesen Handelskrieg zu schicken. Damit nahm die Pleite ihren Lauf ...

Piraterie als Mittel im Handelskrieg, Vitalienbrüder gegen Simon von Utrecht – das alles hat es wirklich gegeben. Viele wurde darüber schriftlich festgehalten. Als Hauptakteur auf der Freibeuterseite wird hier jedoch fast immer nur ein gewisser Gödeke Michels aktenkundig – ein Johann Stortebeker ist nur ein einziges Mal in dem Vertrag mit König Albrecht I. erwähnt.

Fakt ist auch, dass es 1401 tatsächlich eine erbitterte Seeschlacht vor Helgoland zwischen den Seeräubern und der Hamburger Flotte gab, bei der die Piraten den Kürzeren zogen. Die Überlebenden wurden nach Hamburg verbracht, wo ihnen der Prozess gemacht wurde. Alle Urteile lauteten am Ende selbstverständlich „Tod durch Enthauptung", vollstreckt am 21. Oktober desselben Jahres. In den Prozessakten findet sich übrigens auch wieder nur der Name „Gödecke Michels" – nicht die geringste Spur von einem Klaus Störtebeker!

Aber was scheren uns Akten, wenn es so schöne Legenden gibt! Die schönste ist jene, dass Störtebeker (nehmen wir mal an, er war unter den 72 hinzurichtenden Freibeutern) als letzten Wunsch äußerte, dass all jene seiner Kumpanen freigelassen werden sollten, an denen er kopflos vorbeigehen könne. Gesagt, getan – erst bei dem Gefangenen Nummer 11 wurde dem Kopflosen ein Bein gestellt.

Dies zumindest ist erwiesenermaßen rein medizinisch absolut unmöglich – bei Menschen zumindest. Bei Hühnern ist das anders. Aber eine schöne Gruselstory ist es auf jeden Fall.

Wie langweilig sind dagegen die neuesten Forschungsergebnisse, dass es nachweislich in dieser Zeit einen Johann Störtebeker in Danzig gab. Der war einfach nur ein Kaufmann, Spitzel und Agent provocateur, der mal hierhin, mal dorthin agierte und nachweislich erst nach 1413 starb – Gott bewahre, aber vermutlich eines natürlichen Todes!

Dann doch lieber ein norddeutscher Robin Hood, ein mittelalterlicher Ernst Thälmann oder ein kopfloser Wanderer! Das sind nämlich Figuren, die für Legenden taugen!

Das Störtebeker-Denkmal in Hamburg. Links: Herr Momsen

Wo die Liebe lang geht

Es gibt ja viele Proben, auf die eine Beziehung gestellt wird. Neben dem gemeinsamen Tapezieren eines Zimmers ist eine der härtesten wohl der gemeinsame Urlaub, von Optimisten auch gerne als die „schönsten Wochen des Jahres" bezeichnet. Meist geht das Drama bereits Monate im Voraus mit der Wahl des Zieles los. Mutti will in den Süden und Vati in den Norden. Sie auf die Insel und er in die Stadt. Und mit diesen Vorstellungen gehen die beiden dann in das Reisebüro und lassen die Mitarbeiter dort schier verzweifeln. Das ist bei mir und meiner Liesbeth nicht anders. Sie will ja immer Land und Leute kennenlernen, wenn sie wegfährt. Mit Üzgür von nebenan redet sie nicht, aber im Urlaub will sie unbedingt Türken treffen. Das versteh, wer will. Wenn es nach ihr ginge, würden wir eigentlich nur noch in die Südstaaten fahren. Nach Mallorca, Teneriffa, Fuerteventura oder eben in die Türkei. Aber da hab ich keine Lust drauf, weil die einzigen Einheimischen, auf die du da triffst, diese nachtaktiven Tiere sind. Geckos, Kakerlaken und was da alles kreucht und fleucht. Die ganze Nacht hast du in deiner Bude das Licht brennen und kloppst mit den Badelatschen die Panzer kaputt. Wo soll sich da denn ein Urlaubsgefühl einstellen?

Ich finde ja auch, dass meine Norddeutsche Heimat groß genug ist, um mein Fernweh zu befriedigen. Und Land und Leute lernt man da auch kennen. Mancherorts sogar Auswärtige! Wie neulich im Harz. Da war ich in Hahnenklee-Bockswiese, im Oberharz. Für geografisch nicht so Geschulte: Das gehört zu Goslar. Da haben die einen Liebesbankweg! Und auch wenn man in Hamburg genug Geld für Liebe anlegen kann, den musste ich natürlich mal sehen.

Los geht´s auf einem ziemlich unromantischen Parkplatz. Denn obwohl die Liebe im Himmel beschlossen wird, brauchen die Liebenden immer noch irdische Wege, um zueinander zu kommen. Es wird dann allerdings schnell wieder himmlisch. Wenn man das Liebestor erst mal passiert hat, gibt sich die Natur für sieben Kilometer alle Mühe, Amor unter die Arme zu greifen. Atemberaubende Blicke über den Harz wechseln sich mit märchenhaften Wäldern und glasklaren Seen ab. Ich will ja nichts sagen, Liesbeth, aber so ein klares Wasser haben wir in Spanien noch nie gesehen. Und dann gibt es natürlich immer wieder Bänke zum Verweilen. Nicht irgendwelche x-beliebigen Sitzmöbel, die man aus dem Kurpark kennt, nein: Diese sind alle individuell, besonders und sehr liebevoll gestaltet. Aufgrund ihrer Härte eignen sie sich nicht gerade zum Liebe-Machen, wohl aber zum Liebe-Finden, An-Liebe-Denken und Sich-Liebes-Sagen. Die schüchternen unter den Casanovas haben insgesamt 25 Bänke Zeit, um nach den richtigen Worten zu suchen. Anregungen bieten dazu auch noch diverse Tafeln und Kunstobjekte mit Gedichten. Und die werden angenommen! Selbst an einem trüben, kühlen Junitag war da richtig was los: Diverse Pärchen aus ganz Europa suchten da nach Romantik im Freien. Sie tranken von der „Quelle der Liebe", schwebten auf der Partnerschaukel in den siebten Himmel und ritzten Treueschwüre auf die Hochzeitsbank. Und wer noch nicht verheiratet ist, bekommt spätestens dann, wenn er an der wunderschönen Stabkirche vorbeigeht, Lust auf das Heilige Sakrament der Ehe. Das ist Romantik pur, die man unbedingt mal mit seinem oder seiner Liebsten gemacht haben sollte!

Auf der offiziellen Webseite des Liebesbankwegs findet sich übrigens der Hinweis, dass der Weg im Winter nicht geräumt wird. Wenn ein Paar also gar zu lange auf den rosa Wolken der Liebe geschwebt ist, kann es bei der Rückkehr in die schnöde Realität sein, dass aus Amors Pfad eine Ski-Piste geworden ist.

Auf die Liebe!

Lauschige Liebesbänke laden ein...

Welche Glocken unter Wasser läuten

Manchmal liegt die Nordsee ganz ruhig da, wie ein Meer aus Blei. Hellgrau der Himmel, blaugrau das Wasser, ewig grün der Deich – und kein Lufthauch hier, an der Küste von Nordstrand. Wenn man nun ganz genau in die Stille hört, kann es geschehen, dass man in der Ferne Kirchenglocken läuten hört. Merkwürdig nur: Der Klang kommt nicht von Land, sondern von der See her ... aus den Wassern heraus! Dann raunen die Menschen hier oben an der Küste, dass es bald einen Sturm geben wird. Denn die Glocken von Rungholt, der versunkenen Stadt, schlagen wieder!

Ganz Mutige trauen sich sogar in der Johannisnacht auf den Deich, um eines der größten Mysterien zu erleben: Alle sieben Jahre nämlich taucht die Stadt an diesem Abend für kurze Zeit aus den Fluten auf. So erzählt man es sich zumindest. Prächtig wie Babylon erstrahlt dann Rungholt mit seinen goldenen Kuppeln und hohen Türmen. Reich war es einst und hochmütig seine Bewohner, die sich in syrischen Sänften fortbewegten und schwarze Sklaven für die Arbeit hielten ...

Tja, und wenn man dies alles dann so im Mondenschein sieht, vergisst man vor Staunen doch glatt, ein Erinnerungsfoto zu machen. So blieb jeglicher Lichtbildbeweis für diese Sagenstadt bisher aus. Aber anders als Atlantis, Vineta, Shangri-La und andere mystische Orte ist Rungholt keine Legende, sondern existierte nachweislich. Sein Name findet sich in alten Dokumenten und auf historischen Landkarten, die übrigens ein ganz anderes Bild von der Nordseeküste zeigen als jenes, das wir heute kennen. Die Marsch ragte viel weiter in die Nordsee und wurde nur durch relativ schmale Meerwasserläufe, die das Gebiet durchzogen, vom eigentlichen Festland getrennt. Die heutigen Inseln waren besondere Erhebungen in

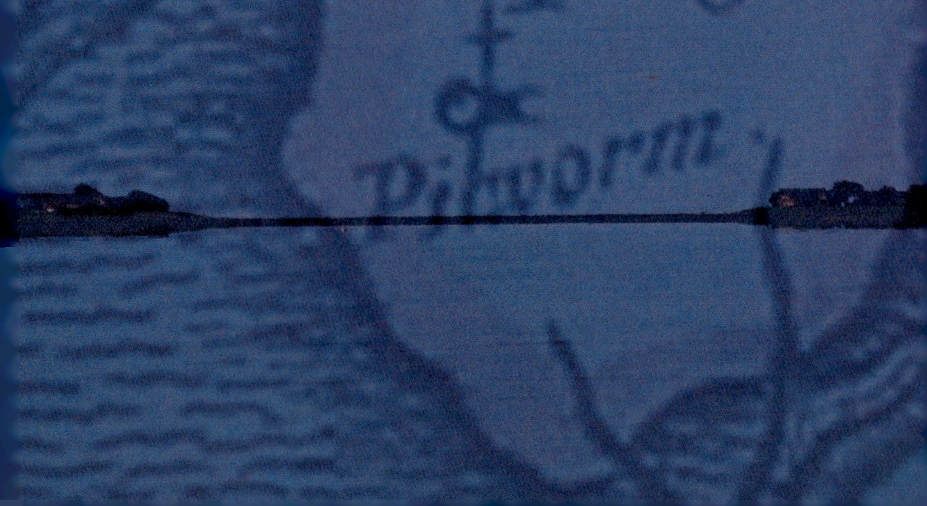

dieser Landschaft. Sylt zum Beispiel hatte nicht die schmale Sichelform von heute, sondern war ein veritables Eiland, tatsächlich ungefähr in der Form eines Eis. Doch dann kam im Jahr 1362 eine verheerende Sturmflut und der Blanke Hans verleibte sich einen guten Teil des Gebiets in sein Reich ein. Auch Rungholt wird wahrscheinlich in dieser Groten Mandränke (wörtlich: „Große Menschertränkung") untergegangen sein. Gelegentlich gibt Hans Blank Teile seiner Beute aber wieder frei. So kommt es im Watt zwischen Nordstrand und Pellworm immer wieder zu Funden, anhand derer man sich das alte Rungholt ungefähr vorstellen kann. Die Gebäude standen auf Warften – 28 hat man bis heute gezählt. Aus den rund 100 gefundenen Brunnenresten kann man schließen, dass hier gut 1000 Menschen lebten – im Mittelalter galt so eine Siedlung als große Stadt. Ihre Einwohner hatten das Moorland mit einem Schleusensystem entwässert und betrieben neben Viehzucht, Fischfang und Salzgewinnung wohl auch etwas Ackerbau. Das alles sicherte den Rungholtern einen gewissen Wohlstand. Darauf weisen auch Scherben von Geschirr hin, das aus Spanien und Skandinavien stammte – Luxuswaren für den gehobenen Geschmack der Zeit, keine einfachen Bauernteller. Goldene Kuppeln und nubische Sklaven freilich hielten wohl erst in der Phantasie von Märchenonkeln Einzug in den Ort – lange nach dessen Untergang. Der Legende nach waren die Rungholter selbst an ihrem Unglück schuld. Sie sollen nämlich Gott gelästert haben, in dem sie – ziemlich bezecht, wie das bei Norddeutschen ja gelegentlich vorkommen kann – ihren Herrn Pastor dazu zwangen, einem gleichfalls besoffenen Schwein die christlichen Sterbesakramente zu geben. Empört sandte der Liebe Gott zur Strafe das Wasser, nachdem er dem armen Pfaffen noch die Flucht ermöglicht hatte. Seine Kirche versank in den Fluten; ihre Glocken jedoch hört man noch heute manchmal, wenn das Meer ganz ruhig daliegt ...

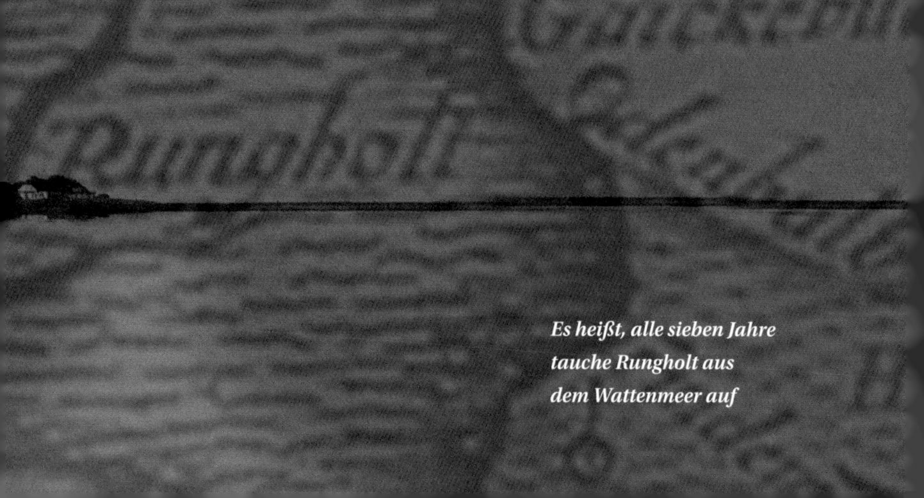

Es heißt, alle sieben Jahre tauche Rungholt aus dem Wattenmeer auf

Wo Weltmeister gemacht wurden

Dass Fußbatll die schönste Nebensache der Welt ist, glaubt angesichts von immer größer werdenden Fanmeilen sowie Horden von weinenden und kreischenden Fans aus allen Schichten der Bevölkerung heute wohl so gut wie keiner mehr. Was da inzwischen alle zwei Jahre für ein Bohei um W- und EM gemacht wird, das haben sich die Erfinder dieser Spiele mit Sicherheit einstmals nicht so gedacht.

11 Freunde müsst Ihr sein und das Spiel hat 90 Minuten...

Ich hatte 2012 bei der EM in Polen und der Ukraine das große Glück, als rasender NDR-Reporter ein wenig hinter die Kulissen eines solchen Spektakels zu gucken. Ich war bei der deutschen Mannschaft in Danzig. Wer mal gesehen hat, was da medienmäßig abgeht, wird nie wieder beim Fußball von einer Nebensache reden. Im Gegenteil. Ich glaub, in Cape Canaveral geht es vor einem Raketenstart wesentlich lockerer zu als vor einem Spiel der Nationalmannschaft. Da wird „unser“ Torwart besser abgeschirmt als die Kanzlerin. Und wenn über die Blähungen aus dem Bundestag maximal eine Pressekonferenz abgehalten wird, dann gibt es über die Blähungen der Stürmer mindestens drei.

Nicht dass mich jetzt jemand falsch versteht: Ich mag gerne über Fußball reden! Aber ein Spiel dauert nach wie vor nur gute 90 Minuten, wieso muss man da zwei Tage am Stück drüber sabbeln und sich den Wolf analysieren?

Das war früher anders. Da war Gott auch schon rund und Millionen Deutsche bei großen Meisterschaften für ein paar Wochen Bundestrainer. Aber irgendwie wurde dabei der Ball doch flacher gehalten, auch innerhalb der Nationalmannschaft. Da wurden um die Trainingslager noch keine Dreimeilenzonen eingerichtet und keine Luxushotels zu Festungen für die Spielergötter ausgebaut. Man logierte in Einrichtungen, die allein für sportliche Zwecke konzipiert waren, also eher Jugendherbergscharakter hatten. Die bekannteste und für den deutschen Fußball maßgebendste Herberge war

dabei die Sportschule des Schleswig-Holsteinischen Fußballverbandes in Bad Malente. Hier wurden Pressekonferenzen noch im Speisesaal gegeben und Massagen im Kinderspielzimmer durchgeführt. Von 1966 bis 1994 übten dort alle erfolgreichen und weniger erfolgreichen Mannschaften für die Titel-Mission. So auch die Weltmeistermannschaften von 1974 und 1990. Fußballfreunde kriegen daher bei dem Wort „Malente“ allein schon leuchtende Augen; eine ganz besondere Romantik ist für sie noch heute mit dem Ort verbunden. Allerdings gilt das wohl nur für die Fans. Für die „Insassen“ der Sportschule muss es damals weniger schön gewesen sein. Die hassten die winzigen Doppelzimmer auf engen Fluren und sprachen von der „Kaserne von Malente“. Rudi Völler denkt angeblich immer noch mit Grausen an die Eintönigkeit von 1990 zurück. Laut Franz Beckenbauer war 1974 der einzige Höhepunkt des Trainingslagers vor der WM ein Ausflug ins Legoland im dänischen Billund. Für junge Erwachsene ist das

... das Runde muss ins Eckige – und Werner Momsen spielt mit!

nicht unbedingt der größte Spaß, den sie sich vorstellen können ... Kein Wunder, dass unsere früheren Nationalhelden in Malente von Fluchtgedanken getrieben waren – und es nicht nur bei Gedanken beließen. So soll Sepp Meier bei der Heim-WM 1974 durch ein Loch im Zaun zu den Spielerfrauen nach Hamburg ausgebüxt und mit Blasen an den Händen zurückgekehrt sein. Angeblich, weil die Bremse seines Wagens ausgefallen war und er den ganzen Weg zurück mit der Handbremse manövrieren musste.

Um gute Geschichten war der Meier ja nie verlegen. Und weil es in den 70ern auf dem ganzen Gelände nur ein Telefon gab, musste Franz Beckenbauer seine legendären Prämienverhandlungen mit dem DFB von der Küche aus führen. Mit Erfolg, denn er leierte den Funktionären für den WM-Sieg neben 60.000 DM pro Mann auch einen VW-Käfer aus dem Kreuz. Gleich nach dieser Zusage gab es ihn dann aber plötzlich, den „Geist von Malente" – ein Begriff, der noch heute manchmal herumgeistert. Immerhin wirkte er so gut, dass die Deutschen 1974 Weltmeister wurden. Und 1990 funktionierte der Hokuspokus sogar noch ein zweites Mal.

Heute heißt die Sportschule in Malente Uwe Seeler-Fußball-Park – und die deutsche Nationalmannschaft macht einen großen Bogen darum. Aber seitdem hat sie auch keine Weltmeisterschaft mehr ge-

Teilansicht der Norddeutschen Automobil-Werke

Wo grossartige Autos herkommen

„Nachstehende Zahlen sprechen für sichselbst. , 60/70 km/h Geschwindigkeit auf schlechten Straßen, 80 km/h auf kurzer Strecke bei günstigen Wegeverhältnissen ohne Gegenwind; Steigfähigkeit hervorragend. Wo wir hinkommen, erregt der Wagen Aufsehen."

Klar, ein Auto, das mit schlappen 40 km/h den Verkehr aufhält, erregt zwangsläufig Aufsehen. Hupkonzerte, obszöne Gesten, vielleicht sogar ein Auftritt besorgter Ordnungshüter sind recht wahrscheinlich. Genauso wie der spektakuläre Selbstmord des Autokonstrukteurs, nachdem er einen Fahrbericht wie jenen am Anfang dieser Zeilen in Motor-Bild, Autoglobus oder einem vergleichbaren Fachblatt gelesen hat. Aber da messen wir mit der Latte von heute. Zu der Zeit, da diese Kritik publiziert wurde, waren die darin angegebenen Daten geradezu sensationell! Das Zitat stammt nämlich aus dem Jahr 1921, aus einer Zeit also, da die Autobahnen noch lange nicht erfunden und Automobile im Straßenbild noch selten waren. Bei dem beschriebenen Fahrzeug handelt es sich um den sagenhaften 6/24 PS Selve Wagen aus der „weltberühmten" Autostadt ... Hameln.

Ja: Hameln – wo es heute nur ein paar KfZ-Reparaturwerkstätten gibt. Zu Beginn des 20. Jahrhunderts sah es hier aber ganz anders aus: 1908 waren die Norddeutschen Automobil-Werke – kurz: NAW – gegründet worden, in denen 1914 bereits 800 PkWs pro Jahr hergestellt wurden. Das war für diese Zeit eine enorme Produktion. Fabriziert wurden vor allem zwei Kleinwagenmodelle mit den hübschen Namen Colibri und Sperber: „Sperber – Sieger in vielen in- und ausländischen Zuverlässigkeits-Konkurrenzen – zuverlässig – schnell – dauerhaft" . Mit solchen Slogans wurde für das Auto aus Hameln geworben. Und es wurde gekauft! Die Exporte gingen um die halbe Welt: Schon damals schätzte man nämlich die automobile Qualität Made in Germany und Made in Hameln.

Dann jedoch kam der 1. Weltkrieg – und statt Autos mussten Granaten produziert werden. Zum Glück war der Krieg nach vier langen Jahren vor-

bei und man konnte sich wieder dem wesentlich erfreulicheren Autobau zuwenden. Inzwischen hatte die Firma ihren Besitzer gewechselt: Der westfälische Großindustrielle Walter von Selve, ein begeisterter Hobby-Rennfahrer, saß nun am Steuer und lenkte den Laden gemeinsam mit seiner Mutter weiter auf Erfolgskurs. Die neuen Fahrzeugreihen der Marke Selve waren im höherpreisigen Segment angesiedelt und warteten mit so manchen technischen Innovationen wie dem serienmäßigen Leichtmetallkolben auf. Eine gute Basis, um ein Global-Player zu werden. Alles lief auch fein, bis zur Welt-Wirtschaftskrise 1929. In deren Folge musste auch in Hameln die Produktion mangels Nachfrage komplett eingestellt werden. Doch damit war der Traum der Autostadt Hameln noch nicht ganz vorbei: 1934 forderte der neue Reichskanzler und baldige „Führer“ Adolf Hitler ein „Auto für jedermann“, einen Volkswagen. Bei den Autobauern an der Weser, die sich inzwischen in Deutsche Automobil Werke AG (DAWAG) umbenannt hatten, ging es nun hoch her: Flugs entstand der Plan für einen modernen Fünfsitzer mit eigens konstruiertem Spritspar-Motor. Leider war er mit den kalkulierten 2300,- Reichsmark als Verkaufspreis immer noch viel zu teuer für ein „Volksgenossen“-Fahrzeug. Dies sollte nämlich nach der Idee der Nazi-Ideologen weniger als 1000,- RM kosten. Für 990,- RM wurde so ein Automobil bald darauf von einem anderen Anbieter konstruiert: Ferdinand Porsche. Dieser erhielt denn auch den Zuschlag für den Riesenauftrag – das Fabrikationsgelände in Hameln der DAWAG wurde als zu klein beurteilt. Damit ging diese endgültig pleite. Nie wieder wurde ein Auto in Hameln gebaut, statt mit Rollendem musste man sich wieder allein mit dem Rattenfänger begnügen.

Der Rest der Geschichte ist bekannt: Für den Bau des Volkswagens wurde eine gigantische Industrieanlage in Wolfsburg aus dem Boden gestampft, in der noch heute Autos fabriziert werden. VOLKSWAGEN eben, heute der drittgrößte PKW-Hersteller der Welt. Und immerhin auch ein norddeutsches Unternehmen ..

Fast wäre Hameln das Detroit Norddeutschlands geworden

Wer die Nobelpreisträger sind

Es gehört zu den Tugenden der Norddeutschen, ein gewisses Understatement zu wahren. Daher wollen wir dieses Kapitel auch kurz und schmerzlos halten. Dennoch soll das Thema an sich nicht ganz unerwähnt bleiben – schließlich handelt es sich um die höchste Auszeichnung, die einem Schriftsteller verliehen werden kann. Sprechen wir also kurz über den Nobelpreis für Literatur. Sechs Mal in seiner über hundertjährigen Geschichte wurde er deutschen Schriftstellern verliehen, vier davon stammen (irgendwie) aus dem Norden. Aber das ist natürlich rein zufällig und belanglos. Zumal man zwei dieser Autoren heute kaum noch kennt, einer im heutigen Polen geboren wurde und sich erst mit 45 Jahren in der Wilstermarsch und später in der Nähe von Lübeck niederließ, der vierte aber der norddeutschen Tiefebene schon mit 19 Jahren auf immer den Rücken kehrte.

Ausgerechnet nach München zog dieser Thomas Mann – aber gut, es waren andere Zeiten. Der 1875 in Lübeck in eine der angesehensten Kaufmannsfamilien Hineingeborene ertrug den Mief der Kleinstadt und den auf einer gewissen Borniertheit und Starrsinn beruhenden allmählichen Untergang des Hanseatentums nicht. Also machte sich Thomas Mann auf in die große, weite Welt, finanziell abgesichert durch das Erbe seiner Familie. Um genau über seine Herkunft einen ersten Roman zu schreiben: *Buddenbrooks*. 1901 erschienen, wurde er schnell zum international beachteten Kassenschlager – und das, obwohl einige Passagen darin im unübersetzbaren Plattdeutsch geschrieben sind. Es folgten viele weitere Romane, Novellen und Kurzgeschichten, die Thomas Mann im Laufe der nächsten Jahre auf der ganzen Welt berühmt machten. So war der Schriftsteller wenig verwundert, als 1929 das Nobelpreiskomitee bei ihm anrief. Verblüfft war er allerdings, als er erfuhr, dass er den Preis vornehmlich für seinen Erstling Buddenbrooks erhalten sollte. Aber gut: Preis ist Preis ...

Günter Grass, 1927 in Danzig/Westpreußen (heute Gdansk/Polen) geboren und seit 1972 mehr oder minder durchgehend in Schleswig-Holstein ansässig, hatte es da bei seiner Preisverleihung 1999 wesentlich einfacher, da ihm nicht für ein bestimmtes seiner Bücher – am bekanntesten ist wohl *Die Blechtrommel* – die Laudatio gehalten wurde, sondern für sein Gesamtwerk – „weil er in munterschwarzen Fabeln das vergessene Gesicht der Geschichte gezeichnet hat".

Die aber lesen Sie bitte selbst.

Ist es nur Zufall, dass überdurchschnittlich viele Norddeutsche – im Verhältnis zum Rest des Landes – den Nobelpreis gewannen? Oder liegt es an einer irgendwie genetisch bedingten Fabulierlust, die sich im Laufe etlicher dunkler Nordwinter an den Herdfeuern entwickelt hat? Wer weiß das schon. Und wer weiß, wie so ein Nobelpreiskomitee überhaupt tickt? Für Überraschungen sind die Juroren ja immer gut. Sicher ist nur: Einen Norddeutschen werden sie nicht so leicht aus der Fassung bringen.

Liste der deutschen Nobelpreisträger für Literatur

1902: Theodor Mommsen, *1817 im schleswig-holsteinischen Garding, + 1903 in Berlin-Charlottenburg; 1908: Rudolf Eucken, *1846 im ostfriesischen Aurich, + 1926 in Jena; 1910: Rudolf Heyse, *1830 in Berlin, + 1914 in München; 1912: Gerhart Hauptmann, * 1862 im schlesischen Ober-Salzbrunn, + 1946 ebendort in Agnetendorf ;1929: Thomas Mann, * 1875 in Lübeck, + 1955 in Zürich; 1972: Heinrich Böll, *1917 in Köln, + 1985 in Kreuzau-Langenbroich / NRW; 1999: Günter Grass, *1927 in Danzig

Preisträger: Günter Grass (oben links) und Thomas Mann (rehts)

Wo der Wilde Westen zu Hause ist

Ich bin ja eher so der romantische Typ und nah am Wasser gebaut. Wenn er sie nicht kriegt oder sie ihn nicht, wenn sie ihn nicht will oder der Regisseur die beiden ständig aneinander vorbeirennen lässt, brauch ich vor dem Fernseher oder im Kino mein Taschentuch. Noch jetzt, hier beim Schreiben, werden meine Augen feucht, wenn ich daran denke, wie Franz Joseph seine Sissy heiratet oder Humphrey Bogart seine Ingrid Bergmann am Flughafen stehen lässt. „Eines Tages wirst du das verstehen. Nein, nein, nein. – Ich seh' dir in die Augen, Kleines" …

Am meisten habe ich aber geschluchzt, als Pierre Brice gestorben ist. Also nicht er selbst, sondern sein zweites Ich, sein Winnetou. Minutenlang lag er da, konnte die Klüsen kaum noch offen halten, aber alle waren gekommen, um tschüss zu sagen. Sogar sein Rappe Iltschi hat um ihn geweint. Da saß die Nation vor den Leinwänden und Bildschirmen und hat sich ihrer Tränen nicht geschämt. Wer den Film gesehen hat, wird ihn nie vergessen können.

Weil Indianer bekanntlich keinen Schmerz kennen, hat Winnetou allerdings sogar den Tod überlebt und kommt deshalb einmal im Jahr zurück. Und zwar nach Bad Segeberg auf den dortigen Kalkaberg. Dann sind für gute neun Wochen Karl-May-Festspiele in Schleswig-Holstein, und der Norden wird zum Wilden Westen. Da wird geschossen, was das Zeug hält, da werden Felsen gesprengt und alle möglichen Hütten oder Saloons in Brand gesteckt.

Seit 1952 ist das in Bad Segeberg schon so, und wenn man guckt, wer da alles mitmacht, scheint die ganze Stadt beteiligt zu sein. Da verkauft die blonde Bäckerin morgens noch brav ihre Rundstücke, um abends als schwarzhaarige Squaw über den Kalkfelsen zu reiten. Kfz-Mechaniker haben plötzlich anstatt Motoren mit KW wieder echte Pferdestärken unter dem Hintern. Und aus holsteinischen Ackergäulen werden in Bad Segeberg edle Mustangs. Nur für die Hauptrollen holt man sich Stars. So waren dort bereits Elke Sommer, Dunja Reiter, Freddy Quinn, Wayne Carpendale, Mathieu Carrière und viele andere am Start.

Selbst Pierre Brice wurde als Winnetou reanimiert und hat von 1988–1991 die Silberbüchse geschwungen. Allerdings war er zu dieser Zeit schon um die 60 und man sah ihm schon an, dass er hin und wieder mal vom Pferd gefallen war. Das geht da nämlich ganz schön hoch her, bei den Karl-May-Festspielen.

So kam der Mauerfall für Bad Segeberg gerade recht: 1992 konnte der Held aus den Indianerfilmen der DDR – die mit Karl May allerdings nicht viel zu tun hatten – als edler Wilder einspringen: der Jugoslawe Gojko Mitic. 15 Jahre hat der durchgehalten, um 2007 dann mit 67 in Rente zu gehen. (Und um 2013 die Rolle des Winnetou-Seniors zu übernehmen: Wer einmal dabei war, kommt offensichtlich nicht mehr davon los …)

Auf Mitic folgte für sechs Jahre ein Türke: Erol Sander. Aber gut, Pierre Brice stammt in Wirklichkeit auch nicht von den Apachen ab.

Immer von Donnerstag bis Sonntag bietet die Naturkulisse rund um den Segeberger Kalkberg einen Hauch von Exotik: Ein wenig sieht es hier, im hohen Norden Deutschlands, tatsächlich so aus, wie wir uns beim Lesen eines Karl-May-Romans den Wilden Westen vorgestellt haben. Karge Felsen, tiefe Schluchten …. Wenn dann auch noch Blockhütten, Tipis und Saloons dazu kommen und eine ganze Schar von Einheimischen mit Federn im Haar, Stetson auf dem Kopf, Pfeil und Bogen in der Hand oder Colt im Holster herumlaufen, dann fühlt man sich als Zuschauer mitten drin im großen Abenteuer. Manch einer mag sich vielleicht fragen, was Bad Segeberg denn mit Karl May zu tun hat. Da kann ich nur sagen: Nichts! Aber da, wo er herkommt – aus Sachsen, also der zwischenzeitlichen DDR – wollten sie lange nichts von ihm wissen, weil seine Romane gewisse kolonialistische Tendenzen enthielten. Da ist es doch gut, dass wenigstens wir ihm hier gedenken. Der Kalkberg von Bad Segeberg ist zwar nicht der einzige Veranstaltungsort für Wild-West-Spektakel à la Karl May, aber, wie ich finde, der Schönste.

Und seitdem ich weiß, dass Winnetou jedes Jahr wiederkommt, muss ich auch nicht mehr so weinen, wenn er stirbt …

Wo die Norddeutschen Gebirge stehen

Lieblich liegt das Vorland da: In saftigem Grün erstrahlen die Wiesen und Weiden, glückliche Kühe weiden fleißig das üppige Gras in der Morgendämmerung, um uns alsbald ihre köstliche Milch zu schenken. Ein Idyll des Friedens. Der Wandersmann möchte verweilen – doch es drängt ihn weiter, zu Höherem, zu den Gipfeln. Dort, unter den Strahlen der gerade aufgehenden Sonne, ragen sie majestätisch empor. Und wer sie jemals bezwungen hat, der weiß, welch erhabenes Gefühl den wackeren Bergsteiger dort oben erwartet. Doch zuvor gilt es, einige Strapazen zu erdulden. Ein wenig stockt der Mut des Wanderers, wenn er am Fuße der Giganten angelangt ist: Demütig schaut er hinauf zu ihrer Spitze, wissend, dass es nicht ganz ungefährlich ist, diese zu erklimmen. Nun heißt es, auf Gott vertrauen! Vorsichtig wird das kleine Türchen im Zaun geöffnet, das Schafe und anderes Berggetier in seinen luftigen Reservaten hält. Vorsichtig werden nun die Schritte auf dem schmalen Pfad gesetzt – bergauf, immer weiter bergauf! Mühsam ist das Erklimmen des steilen Weges, bald schon wird die Luft dünner und dünner. Eine Rast ist nötig auf halber Höhe. Doch welch ein Blick über das weite Land wird einem hier bereits geboten, wie klein wirken die Welt und alle ihre Sorgen bereits von hier! Wie mag es erst sein, wenn der Gipfel erklommen ist? Weiter also, hinauf! Das Ziel rückt näher und näher. Endlich – die Kräfte sind fast vollkommen aufgezehrt –, die letzten Meter. Der Himmel jenseits der Kuppe ist zum Greifen nahe, drei Schritte noch, zwei, einer ... jetzt! Es ist vollbracht! Der Held steht einsam, aber glücklich, in luftigen Höhen, weit, weit über den profanen Dingen da unten. Vor ihm erstreckt sich das blaue Meer in die unendlichen Weiten (je nach Tidenkalender kann es allerdings auch die endlose Schlammwüste des Watts sein ...). Oder aber das Deichvorland, das von einem weiteren Gebirge, dem Sommerdeich, vor den Fluten geschützt wird. Hinter ihm liegt in jedem Fall die Ebene, aus der er sich emporschwang: Die norddeutsche Tiefebene, Grasland bis zum Horizont. Es mag einem schwindeln bei dieser Perspektive, die eigentlich ein Privileg der Vögel ist. Doch der Triumph, hierher, auf den höchsten Erdenpunkt in einem Umkreis von unzähligen Kilometern gekommen zu sein, lässt alles

Unwohlsein schnell wieder vergehen. Sagenhafte acht Meter Höhenunterschied sind überwunden!

Das ist hoch, sehr hoch! Zumindest für einen Norddeutschen, der in der Marsch – die sich kaum mehr als einige Zentimeter über den Meeresspiegel erhebt – geboren wurde. Selbst die Gipfel des Himalaja sind nur um ein Tausendfaches höher! Doch nicht nur das Wissen um die sportliche Leistung, es so weit nach oben gebracht zu haben, füllt das Herz des Deichbezwingers mit Stolz, nein: Auch das Wissen darum, dass dieses Nordgebirge allein von Menschenhand erschaffen wurde! Mutige Vorfahren begannen bereits im späten Mittelalter, dem wütenden Meer mit solchen Bollwerken zu trotzen. Denn ohne die Deiche würden die Fluten salzigen Wassers immer wieder den fruchtbaren Boden der Ebene verderben und für lebensfeindliche Verhältnisse sorgen. „Wer nich will dieken, de mutt wieken" – „Wer nicht eindeichen will, der muss weichen" –, so lautet der trutzige Kampfruf der norddeutschen Tiefländer seit Jahrhunderten. Und seit Jahrhunderten werden nach dem System „Versuch und Irrtum" immer festere, breitere und höhere Deiche gebaut. Als Irrtum erwies sich zum Beispiel, die Wälle im 17. Jahrhundert nur drei Meter hoch gebaut zu haben: Einige bösartige Sturmfluten mit so hübschen Namen wie „Man dränke" oder „Weihnachtsflut" schwappten da einfach drüber – und Abertausende mussten ihr Leben lassen. Also wurde aufgestockt. Heute, im Zeitalter des Klimawandels, denkt man sogar schon über 10 Meter hohe Bauwerke nach – obwohl in den letzten 40 Jahren die modernen Acht-Meter-Dämme der Küste allen Fluten standhielten.

Mit einem gewissen Grausen denkt unser Wandersmann auf der Deichkrone daran, welche Mühsal wohl die Besteigung eines 10-Meter-Giganten bereiten würde. Aber – ach was! Auch diese Tat wird ihm gelingen! Doch zunächst gilt es, den gefahrvollen Abstieg hin zum wohlverdienten Deichbezwinger-Bier zu meistern. Nicht auszudenken, wenn man auf einem frischen Schafsköttel ausrutschte und in die Tiefe stürzte! Ein munteres Lied hilft da, alle Furcht fahren zu lassen ... Und jetzt alle zusammen!

Wie man mit Schiffen Ballett tanzt

Als gemeine Landratte fragt man sich womöglich, warum große Schiffe, die so ganz ohne fremde Hilfe Tausende von Meilen über die Meere schippern, auf den letzten Kilometern vor dem Ziel von diesen kleinen Booten, den Schleppern, an die Leine genommen werden müssen. Die Antwort ist: Ein Schiff braucht in der Regel das 15-fache seiner Länge, um von der Fahrt zum Stillstand zu kommen. Stichwort „Trägheit der Masse" – schon mal in Physik gehört? Bei einem „normalen" Schiff von sagen wir mal 200 Metern Länge macht das also einen „Bremsweg" von ungefähr drei Kilometern! Von den Problemen bei etwaigen Wende- und Drehmanövern wollen wir da gar nicht erst reden. Kurzum: Es ist einfach unmöglich, dass sich so ein Gigant der Meere von selbst metergenau an seinen Halteplatz im Hafen zirkelt. Daher müssen die Schlepper als Einparkhilfe ran. Mindestens zwei – einer vorne, einer hinten. Soll es vorange-

hen, zieht der vordere Schlepper; für eine schnelle Bremsung gibt der hintere einfach Gas in die Gegenrichtung. Fahren sie im Kreis um das Schiff, dreht es sich quasi auf der Stelle. So manövrieren diese wendigen, kleinen Kraftprotze die großen Dampfer mit in einer ausgeklügelten Choreographie punktgenau an den Liegeplatz.

Die Schlepper sind die Schwerathleten unter den Schiffen. Von außen sehen sie ja eher nach Schiffchen aus, in ihrem Inneren verbergen sich jedoch Motoren, mit denen sie ein um ein Vielfaches größeres Hochseeschiff über die Weltmeere bewegen könnten. 5000 PS, die einen Pfahlzug von ... Aber reden wir hier nicht von technischen Details. Reden wir lieber von Poesie! Von Tanz, vom Ballett, von... Walzer! Haben Sie den Dreivierteltakt der „Blauen Donau" im Ohr? Gut! Das ist nämlich eines der liebsten Stücke des Schlepperballetts. Die Bodybuilder zu Wasser führen ein Doppelleben. Im Alltag ziehen sie auf der Elbe Schwerlasten, in ihrer Freizeit treten sie als Tänzer auf. Neben ihrer Kraft zeichnen sich die Schlepper besonders durch ihre Wendigkeit aus. Dank des Erfindungsreichtums ihrer Ingenieurväter können sie sich um die eigene Achse drehen, von einer Seite zur anderen wackeln, abrupt anhalten und sich sogar verneigen (soweit man das als Boot eben tun kann...). Für den Job als Einparker ist das alles ganz nützlich – aber noch mehr für die Kür, die einmal im Jahr stattfindet: Beim Hafengeburtstag in Hamburg. Für alle, die dieses Fest nicht kennen, eine kurze Erläuterung: Der Legende nach verlieh im Jahre

Herr Momsen inspiziert die Hamburger Schlepperflotte

1189 kein Geringerer als Kaiser Friedrich Barbarossa die Hafenrechte an die Siedlung am der Elbe, die daraufhin immer mehr aufblühte. Heute ist der „Hafen Hamburg“ der größte Seehafen Deutschlands, der zweitgrößte in Europa – und der wirtschaftliche Motor der Millionenmetropole an der Elbe. Grund genug also, seinen Geburtstag würdig zu feiern – was auch alljährlich mit einem riesigen Fest, das regelmäßig über eine Million Besucher anzieht, geschieht. Zu den Höhepunkten der Feierlichkeiten gehört alle Jahre wieder das Ballett der Schlepper. Und da kommen sie schon, acht in Formation! Der ganze Hafen wird mit ihrer Tanzmusik beschallt. Die Schiffe wiegen sich synchron im Rhythmus, bilden sternförmige Formationen, machen Paartänzchen und wilde Reigen zu dritt ... ach, man muss das einfach gesehen haben! Wer das Bolschoi-Ballett in

Das kleine Kraftpaket schleppt mühelos den Koloss

Moskau mag, wird die Schlepper von Hamburg lieben! Schwanensee ist nichts dagegen – hier ist salziges Elbwasser angesagt. Vor einem allerdings sei gewarnt: Vor den bereits erwähnten Verbeugungen der Schlepper. Um ihre Honneurs zu empfangen, kommen die schwimmenden Ballett-Ratten ganz dicht an die Landungsbrücken heran und machen einen abrupten Stopp. Ihre Bugseiten tauchen dabei kurz ins Wasser. Das sieht so kokett aus wie ein kleiner Knicks, erzeugt aber eine Welle, die dem Publikum in den ersten Reihen regelmäßig nasse Füße beschert. Wenn Sie also wasserscheu sind, schauen Sie dem Schwerballett lieber aus sicherer Distanz zu. Oder fahren Sie einfach mal selbst beim Hafengeburtstag auf

Was Faslam ist

Ein Februartag, es ist saukalt, aber immerhin strahlt die Sonne und lässt das Eis auf den kleinen Seen funkeln. Da endlich kommt der Umzug. Jubel brandet auf und von den Festwagen schallt ohrenbetäubende Musik. Festwagen? Ach was! Da bewegen sich ein Traumschiff auf Rädern, ein überlebensgroßes Pferd, eine komplette holländische Windmühle nebst genauso großem Holzschuh, eine Ritterburg, ein rollendes Hardrock-Café, die fünf Meter hohen Figuren von Brakelmann und Adsche aus der NDR-Serie Neues aus Büttenwarder und noch vieles mehr. Auf fast anderthalb Kilometer Länge erstreckt sich dieser Zug der fahrbaren Sensationen. Um die Wagen springen und tanzen zum jeweiligen Thema passend Kostümierte: Frau Antjes, Matrosen, Punker … am eindrucksvollsten sind menschliche Giraffen, deren Köpfe gute zweieinhalb Meter über den Boden ragen. Am Straßenrand warten Tausende von Zuschauern, die sich teilweise ebenfalls mit Perücken und Kostümen verkleidet haben. Doch was ist das? Sicher haben Sie erwartet, hier würde gleich „Alaaf“ oder „Helau“ geschrien. Aber nein, stattdessen grüßt man sich mit „FASLAAAAAM!!!“. Wir sind nämlich weder in Köln noch in Mainz, sondern in … Winsen an der Luhe, also auf der Südseite der Elbe bei Hamburg. Und dies ist auch kein Karneval, dieses urkatholische Fest, sondern eben: Faslam. Also etwas ganz anderes. Das merkt man nicht nur an dem Gruß, sondern auch an weiteren Details: Zum Beispiel an typisch norddeutscher Partymusik wie von Torfrock – Tschakbumm Volle Granade Renade –, vor der jeder anständige Kölner Reißaus nehmen würde. Dafür haben Kölsch und Appelwoi hier keine Chance; stattdessen werden nach alter Nordmanntradition Bier und Köm getrunken – in Quantitäten, die manchen Rheinländer ins närrische Nirwana schicken würden. Nur die ganz Kleinen bekommen Bonbons – anderswo sagt man wohl „Kamellen“ dazu. Wohlgemerkt: man wirft sie

Da lacht die Kuh, da steppt der Bär

Fastnacht? Nee: FASLAM!!!

nicht auf die Kindlein, man reicht sie ihnen! Wer schon (oder noch) aufrecht gehen sowie seinen Namen und „Faslam“ sagen kann, erhält aus den Vorratskisten der Prunkwagen stattdessen oft einen Flachmann als Geschenk. Der Besuch des Faslams lohnt sich also auf jeden Fall – wenn man nicht gerade Abstinenzler ist.

Der Faslam ist eine Tradition, die sich insbesondere im nördlichen Niedersachsen seit rund 200 Jahren etabliert hat. Faslamvereine und -veranstaltungen gibt es hier in etlichen Orten. Der Umzug in Winsen – genau genommen geht er von Stöckte, einem Dorf an der Peripherie aus – ist allerdings die größte Veranstaltung dieser Art. Ursprünglich war der Faslam – woher das Wort stammt, ist ungeklärt – ein Fest für Bauernknechte und Handwerksburschen. In der Winterszeit gab es nicht viel zu tun und getreu dem Motto „Wer gut arbeiten kann, kann auch mal gut feiern“ durfte das Gesinde an den kalten Tage über die Stränge schlagen. Die Angestellten zogen also von Hof zu Hof, um sich von den Herrschaften alle Zutaten für eine zünftige Party zusammenzuschnorren. Damit die Spenden großzügig ausfielen, verkleidete man sich dafür, sang und machte Musik – nicht anders als heute, wo Reklame und Spendengalas genau damit erfolgreich sind. Ganz nebenbei hoffte man mit diesem Mummenschanz womöglich auch noch den Winter zu vertreiben. Ein Glaube, der sich schon seit Jahrtausenden zäh in Nordeuropa hält, obwohl niemals ein wirklicher Beweis dafür erbracht wurde, dass der Winter vor Masken flieht. Allein: Schon das Kostümieren an sich macht einfach Spaß – und die Partys der ersten Faslamisten müssen legendär gewesen sein. Bald wollte jeder mitmachen, egal welchem Stand er angehörte, ob er Mann oder Frau war. Frauen mussten für diese sogenannten „Lumpenbälle“ allerdings doppelten Eintritt zahlen, wohlhabende Bauern und Handwerksmeister womöglich noch mehr. Daraus entwickelte sich das, was heute ist: Faslam eben. Der nicht nur mit seinem Umzug begeistert, sondern vor allem mit den Festen, die darum herum gestaltet werden. So eine Art Karneval – aber doch ganz anders. Ganz norddeutsch eben.

Was der „Blanke Hans“ anhat

Blanker Hans“ – das klingt ein wenig so, als ob Hans seinen Mors (für Zugereiste: seinen Allerwertesten) zeigt. Und was hat er dabei sonst noch so an?

Man könnte natürlich auch meinen, Hans sei blank. Pleite also. Soll ja mal vorkommen. Armer Hans, hier haste ’nen Euro!

Es ist schon ein sehr merkwürdiger Name für die Nordsee (bei Sturm(flut)), den die Norddeutschen ihrem rauen Meer gegeben haben. Nirgendwo sonst auf der Welt ist irgendjemand auf die Idee gekommen, eine See auf den Namen eines Menschen zu taufen. Wo kämen wir auch hin, wenn das Mittelmeer „Elsa“, der Indische Ozean „Rajesh“ und das Japanische Meer „Hiroshi“ heißen würden? Nein, das hier ist etwas ganz Besonderes – und so soll es auch bleiben. Eine ganz speziell norddeutsche Eigenart. Die nur einmal mehr beweist, was für ein besonderes und bei aller Liebe sehr respektvolles Verhältnis wir zu unserem Meer haben. Hans ermöglicht es uns, hinauszufahren in die Welt. Hans schenkt uns seine Fische und den leckeren Krabbensalat. Hans ermöglicht uns durch seine Wärme, es hier – in Breitengraden, die auch Alaska umfassen – klimatisch recht kommod zu haben. Wenn Hans aber einmal schlecht gelaunt ist, dann prescht er mit seinen Fluten auf unser Land ein, nimmt uns Häuser, Vieh und Leben. Vielleicht hat er ja sogar recht mit seinem Zorn – denn immerhin trotzen wir ihm seit etlichen Jahrhunderten immer wieder Gebiete ab, indem wir die Grauzonen zwischen Land und

Meer frech eindeichen und zu „unserem Land“ erklären. Hans, verzeih' bitte!

Warum Hans „Hans“ heißt, weiß niemand so genau. Wohl bekannt ist jedoch, wann die Nordsee mit diesem Namen erstmals offiziell belegt wurde: In der Nordfresischen Chronik, deren Druckversion 1666 erschien. Ihr Autor war Anton Heimreich (1626–1685), ein Pastor aus Nordstrand, der allerdings sehr weit in der Welt herumgekommen war. In seiner Chronik zitiert er den Deichgrafen von Risum, der nach der Fertigstellung eines neuen Deichs dem Meer angeblich entgegengerufen haben soll: "Trutz nun, blanker Hans!" Und Hans wurde trotzig – aber wie! Bereits kurz nach der Fertigstellung des Bollwerks im Oktober 1634 brach der Deich unter der Wucht einer verheerenden Sturmflut, der sogenannten Zweiten Großen Mandränke wieder ein. Etliche Menschen kamen dabei ums Leben. Überlebt hat jedoch fortan der Name: „Blanker Hans“. Für den endgültigen Durchbruch und die Übernahme in den allgemeinen Sprachgebrauch sorgte jedoch erst die Ballade des Lyrikers Detlev von Liliencron „Trutz, blanke Hans", die 1883 erschien und damals eine Zeit lang in aller Munde war. Aus „Nordsee“ wurde also „Hans“. Aber was hat es mit dem „Der blanke ...“ davor auf sich?

Wir kennen heute „blank“ als „pleite“ oder aber als „glitzernd“, „schimmernd“.

Das Wort stammt jedoch ursprünglich – wie so vieles im norddeutschen Sprachgebrauch – aus dem Niederländischen. Dort bedeutet „blank“ vor allem: „weiß“. Das passt. Denn weiß ist der Anzug, den Hans anhat, wenn er zornig ist – weiß wie die Gischt auf den aufbrausenden, deichzerstörenden Flutwellen.

Ahlen, Alfeld, Allendorf, Altena, Anklam, Arnheim, Arnsberg Aschersleben, Attendorn, Balve, Beckum, Belecke, Belgard, Berlin Cölln, Bielefeld, Billerbeck, Blankenstein, Bocholt, Bochum Bockenem, Bodenfeld, Borgentreich, Borken, Brakel, Brandenburg Braunsberg, Braunschweig, Breckerfeld, Bremen, Breslau, Brilon Buxtehude, Coesfeld, Danzig, Demmin, Deventer, Dinant, Doesburg Dorpat, Dorsten, Dortmund, Drolshagen, Duderstadt, Duisburg Dülmen, Düsseldorf, Einbeck, Elbing, Elburg, Emmerich am Rhein Erfurt, Essen Abtei Essen, Eversberg, Fellin, Frankfurt (Oder) Freienohl, Fürstenau, Gardelegen, Geseke, Goldingen, Gollnow Goslar, Göttingen, Greifenberg, Greifswald, Grevenstein, Grieth Gronau, Groningen, Gützkow, Hachen, Hagen, Halberstadt, Halle Haltern, Hamburg, Hameln, Hamm, Hannover, Harderwijk Haselünne, Hasselt, Hattem, Hattingen, Havelberg, Helmstedt Herford, Hildesheim, Hirschberg, Hörde, Hüsten, Iburg, Iserlohn Kallenhardt, Kamen, Kammin, Kampen, Kiel, Kokenhusen

Welche Städte zur Hanse gehören

Eine Hansestadt? Ganz klar: Die erkennt man sofort an den KfZ-Kennzeichen mit dem „H“ vorweg! **HL** ist Hansestadt Lübeck, **HB** steht für Hansestadt Bremen, **HH** = Hansestadt Hamburg, **HRO** bedeutet Hansestadt Rostock, **HWI** kennzeichnet Hansestadt Wismar ... ach, und dann sind da noch **HGW** für Hansestadt Greifswald und **HST** für Hansestadt Stralsund. Die sieben – das war's dann mit der Hanse, nicht?

Einmal abgesehen davon, dass man mit dieser Methode Kennzeichen wie **HOT** („Hohenstein Ernstthal“) oder **HBN** („Hildburghausen“) maßlos überbewerten würde – dort gibt es nämlich weit und breit nichts, was irgendwie mit der Hanse in Verbindung gebracht werden könnte –, vernachlässigte man schmählich zwei weitere Orte, die noch heute stolz den Titel „Hansestadt“ tragen – aber leider zu klein sind, um eigene Nummernschilder drucken zu lassen: Anklam und Demmin. Viel schlimmer ist aber, dass man mit dieser Art der Städteklassifizierung den mächtigen mittelalterlichen Handelsbund aus Norddeutschland auf unzulässige Weise reduzierte! Wir erinnern uns: Die Hanse war zunächst ein Zusammenschluss norddeutscher Kaufleute aus Lübeck, Hamburg und Bremen, der zur Sicherung der Handelsfahrten sowie zur Wahrung gemeinschaftlicher Wirtschaftsinteressen im Ausland diente. Schnell schlossen sich diesem Bund weitere Städte aus ganz Nord- und Mitteleuropa an, sodass die Hanse im 13. und 14. Jahrhundert zu einer bürgerlichen, fast-demokratischen Großmacht wurde. Das Problem dabei: Die Hanse hatte nie eine wirkliche Satzung und vor allem kein offizielles Mitgliederverzeichnis. Städte konnten beliebig eintreten und wieder austreten – je nach Wirtschaftslage und Befindlichkeiten der Handelsherren. Der König von England wünschte sich einmal eine detaillierte Liste der angeschlossenen Kommunen, der Kaufmannsbund weigerte sich jedoch, eine solche auszuhändigen. Vermutlich deshalb, weil es sie einfach nicht gab – und weil es viel zu diffizil gewesen wäre, eine solches Dokument so zu erstellen, dass es wirklich aktuell gewesen wäre. In der Blütezeit der Hanse wäre diese Liste sehr lang gewesen; ab Mitte des 15. Jahrhunderts lösten sich jedoch immer mehr Handelspartner aus dem Bund. Der Grund: Die Ur-Hanseaten beschränkten sich auf ihr traditionelles Handelsgebiet im Nord- und Ostseeraum. Dieses war aber inzwischen irgendwie „unsexy" geworden, weil sich ganz neue, viel lukrativere Geschäftsfelder in Übersee aufgetan hatten. So schlief die Hanse langsam ein, der letzte Hansetag, eine Art „Jahreshauptversammlung" der Hansestädte, fand 1669 statt. Danach blieb nur noch ein lockeres Bündnis jener drei Städte, die rund 400 Jahre zuvor mit diesem „Wirtschaftswunder" begonnen hatten: Lübeck, Hamburg und Bremen. Ansonsten sind eigentlich nur noch die Nummernschilder von der Hanse übrig geblieben ... Würde sich jedoch jede Stadt, die irgendwann einmal in dem Bund war, heute wieder „Hansestadt" nennen – bei fast der Hälfte aller KfZ-Kennzeichen stünde am Anfang ein „H"!

Wir haben einmal all diese Städte aufgelistet – vielleicht sind auch Sie ja ein (ehemaliger) Hanseat?

olberg, Köln, Königsberg, Korbach, Köslin, Krakau, Kulm, yritz, Langscheid, Lemgo, Lemsal, Lippstadt, Lübeck, üdenscheid, Lüneburg, Lünen, Magdeburg, Melle, Menden, eppen, Merseburg, Minden, Mühlhausen, Münster, Naumburg, euenrade, Neuss, Neustadt, Nieheim, Nijmegen, Nordhausen, ortheim, Oldenzaal, Olpe, Ommen, Osnabrück, Osterburg, Osteroe am Harz,Paderborn, Peckelsheim, Perleberg, Pernau, Plettenerg, Pritzwalk, Quakenbrück, Quedlinburg, Ratingen, Recklingausen, Reval, Rheine, Riga, Roermond, Roop, Rostock, Rügenwale, Rüthen, Salzwedel, Schlawe, Schwerte, Seehausen, Soest, olingen, Stade, Stargard, Stavoren, Stendal, Stettin, Stockholm, tolp, Stralsund, Sundern, Tangermünde, Telgte, Thorn, Tiel, Trepow, Uelzen, Unna, Uslar, Venlo, Vörden, Vreden, Warburg, Warenorf, Warstein, Wattenscheid, Wenden, Werben, Werl, Werne, Wesel, esthofen, Wetter (Ruhr), Wiedenbrück, Windau, Wipperfürth, isby, Wismar, Wollin, Wolmar, Zaltbommel, Zutphen, Zwolle

Warum die Gest (fast) das Nordkoreas Norddeutschland ist

Norddeutschland teilt sich vornehmlich in zwei Regionen auf, die ungefähr so unterschiedlich sind wie Nord- und Südkorea. Der Unterschied zwischen den beiden Koreas und den beiden Norddeutschlands liegt vor allem darin, dass sich durch Letztere keine schwer bewachte Grenzanlage zieht. Na gut, das Klima ist noch ein wenig anders, die Landschaft unterscheidet sich auch komplett, Norddeutsche essen nicht mit Stäbchen, drohen nicht mit dem Atomkrieg … und noch ein paar andere Nebensächlichkeiten. Trotzdem können *Marsch und Geest* nicht unterschiedlicher sein als Nord- und Südkorea.

Die Marsch ist das flache Land, das nur knapp über dem Meeresspiegel an den westlichen Küsten und in den Ebenen der großen Flüsse, die in die Nordsee münden, liegt. Plattes Land eben, das einen sehr fruchtbaren Boden aufweist. Den mögen Pflanzen deshalb so gern, weil er gerade erst – wir reden hier erdgeschichtlich, meinen also „nur“ ein paar tausend Jahre – aus Meeresboden entstanden ist und noch aus lauter Muschelkalk, organischen Resten und anderem Düngerkram besteht. „Man braucht da nur den Daumen reinzustecken und schon wächst was!“, sagen die Marschbauern stolz. Gefahren durch Winterfröste gibt es kaum, da die Gegend dauerhaft durch das nahe, vom Golfstrom aufgeheizte Meer warm gehalten wird. Dafür kommt im Sommer von der See immer ein kühlender Wind und genügend Regen. Der einzige Wermutstropfen – neben zu viel Regen – ist, dass das Land durch Deiche vor Sturmfluten geschützt werden muss, was ziemlich hohe Kosten verursacht. Aber gut, die Sache lohnt sich, weil hier enorm hohe Ernteerträge sicher sind. Entsprechend sind Marschbewohner immer schon recht begütert gewesen und konnten sich daher einen eigenen Kopf leisten. So hatten die Dithmarscher bis ins 16. Jahrhundert eine Art Bauernrepublik ohne fremde Herrscher. Die Vierländer fügten im 19. Jahrhundert ihrer traditionellen Kniebundhosentracht als Kopfbedeckung standesstolz einen eleganten Zylinder hinzu, wie er sonst nur den feinen Städtern vorbehalten war. Ungefähr zeitgleich kam auch die Mode auf, vor die Eingänge der alten Reetdachhäuser in der Marsch pompöse griechische Säulen zu stellen, um zu zeigen, dass man durchaus weltoffen und an neuster Mode interessiert, also kein einfacher Bauer und vor allem solvent war. Aus heutiger Sicht mag das etwas neureich anmuten; aber nur, wer in diesem Augenblick gerade nicht neidisch auf den Porsche des Nachbarn schielt, werfe den ersten Stein! Trotzdem

Platt, überschwemmungsgefährdet – aber extrem fruchtbar: die Marsch

muss man konstatieren, dass die Landwirte der Marsch ziemlich borniert waren. Denn bis ins 20. Jahrhundert hinein war es verpönt, beim Liebesspiel „Bauer sucht Frau" bzw. „Landwirtstochter sucht Gatten" einen zukünftigen Lebenspartner aus der Geest zu suchen. Geest geht für einen Marschländer nämlich gar nicht. Allein schon der Name! Der kommt vom plattdeutschen Wort „gest", was „trocken" und „unfruchtbar" bedeutet – und aus Tiefländersicht ist die Geest tatsächlich so. Hier ist der Boden sandiger, nicht besonders nährstoffreich. Zudem fließt das Regenwasser durch den Sand schnell ab und das Grün verdurstet bereits nach kurzen Trockenperioden. Erfolgreicher Ackerbau ist nur begrenzt möglich – weshalb die Geestbauern immer als die armen Verwandten betrachtet wurden, die man bloß nicht heiraten sollte. Wie eben auch niemanden aus Nordkorea – denn das ist ja auch bitterarm. Damit schlossen die Märschler freilich einen großen Teil der Norddeutschen als potenzielle Ehepartner aus. Weite Teile Niedersachsens und Mecklenburg-Vorpommerns sowie große Regionen Schleswig-Holsteins gehören nämlich zur Geest.

Dabei hat diese Landschaft, die durch die Gletscher der Eiszeit ausgeformt wurde, durchaus auch ihre Vorzüge, liegt sie doch im Schnitt ein paar Meter höher als die Marsch und ist damit vor etwaigen Fluten geschützt. Aus diesem Grund siedelten sich die ersten Norddeutschen auch hier an und nicht in den Feuchtgebieten der Marsch. Bereits vor rund 5000 Jahren – die ersten Marscheroberer waren gerade einmal ein paar Meter vom Geestrand weggekommen und steckten schon im matschigen Boden fest – wurden hier Großsteingräber aus gigantischen Findlingen errichtet; rund 900 dieser Zeugen einer ersten Nordkultur kann man noch heute besuchen. Die Bauwerke, die in den Jahrtausenden danach entstanden, beweisen, dass man auch in der Geest durchaus dauerhaft überleben kann.

Heute ist es eh relativ egal, ob man nun in der Marsch oder der Geest seinen Hof hat: Dank der modernen Landwirtschaft ist der norddeutsche Ackerboden überall fast gleich fruchtbar. Und in den Dörfern und Städten herrschen überall die gleichen globalen Moden. Wie überall auf der Welt – bis auf Nordkorea.

Als Nachtrag und der Vollständigkeit halber seien hier noch die zwei anderen norddeutschen Landschaftsformen, die wir bisher ausgelassen haben, wenigstens erwähnt: In Schleswig-Holstein gibt es noch die wunderbare Kombination aus Marsch und Geest, die Endmoränen-Landschaft. Aufgetürmt von den eiszeitlichen Gletscherfüßen findet sich hier hügeliges Ackerland mit gutem Boden, das hoch genug liegt, um von Meeresfluten nicht gefährdet zu sein. Und dann sind da noch die Mittelgebirge im südlichen Niedersachsen – aber das ist nun wieder eine ganz andere Geschichte, die schon nicht mehr so ganz norddeutsch ist …

Hochgelegen, sicher – aber zu trocken: Die Geest

Welche Worte man kennen muss

Die Norddeutschen benutzen eine ganze Menge von Worten, die es im regulären Hochdeutsch nicht gibt. Natürlich kommen viele davon aus dem Plattdeutschen, einige aber auch ganz anderswo her. Für Auswärtige sind diese Worte oft unverständlich – zumal die meisten von ihnen in keinem Wörterbuch stehen. Aus diesem Grund haben wir hier einige essenzielle Vokabeln des Norddeutschen aufgelistet.

Beim Norddeutsch-Schreiben ist die Wortwahl extrem wichtig!

Bang|büx „Angsthose" heißt die wörtliche Übersetzung dieses Wortes aus dem Plattdeutschen, gleichzusetzen mit dem hochdeutschen *„Angsthase"*. Ist die Bedeutung im Hochdeutschen noch klar nachvollziehbar – man vergleicht einen ängstlichen Menschen mit dem Fluchttier Hase –, muss man bei dem niederdeutschen Begriff etwas um die Ecke denken. Ja, er ist wesentlich vulgärer: Denn hier geht es um jemanden, der sich vor Angst in die Hose macht.

bre|gen|klüd|de|rig Von Plattdeutsch „Bregen", „Hirn" oder auch „Intelligenz", und „klüddern", „klötern, Geräusche machen". Das Wort bezeichnet einen Zustand, in dem man nicht mehr ganz klar im Kopf – also: **tüddelig** – ist.

bum|me|lig Wir kennen das Wort in der hochdeutschen Bedeutung für „langsam, schwerfällig". Für den Norddeutschen hat es jedoch eine ganz andere Bedeutung. Er meint damit ein harmloses *ungefähr* – was gelegentlich zu bösen Missverständnissen mit Nicht-Norddeutschsprachigen führt.

Dus|se|la|mäng Dieses Wort benutzt man als Redewendung, wenn man *„nun mal ganz langsam"* sagen möchte. Es ist eine Verballhornung des französischen „douce avec la main" – „ruhig mit der Hand", die sich vermutlich während der Besatzung Norddeutschlands durch die napoleonischen Truppen Anfang des 19. Jahrhunderts entwickelt hat.

Feu|del Ein höchst wichtiger *Gegenstand des Hauhaltsalltags*, der jenseits von Norddeutschland je nach Region „Aufwischfetzen", „Aufwischlappen", „Bodenfetzen", „Bodentuch", „Fetzen", „Hader", „Huder", „Putzlappen", „Scheuerhader", „Scheuerlappen" oder anders genannt wird. Ein Feudel eben.

Foff|tein ... heißt wörtlich aus dem Platt übersetzt „Fünfzehn". Gemeint ist damit „*15 Uhr*" – was lange für Handwerker und Arbeiter die Stunde des Feierabends war. In diesem Zusammenhang wird das Wort noch heute gebraucht – auch wenn sich der allgemeine Feierabend schon längst auf 17 Uhr verschoben hat.

krüsch ... steht für „*wählerisch*", aber auch „mäkelig". Der Ursprung des Wortes ist nicht ganz genau geklärt. Möglich, dass es von dem plattdeutschen Begriff „krüden" stammt, was soviel wie „jäten" oder „ausmisten" bedeutet. Vielleicht rührt es auch von einer Konsonantverdrehung des „Kürens" – also des Hervorhebens – her. Oder es ist ein genuschelt ausgesprochenes „kritisch"... Aber da wollen wir mal nicht so krüsch sein.

Moin Man kann es nicht oft genug sagen und schreiben: Dieser bekannte norddeutsche Gruß hat nichts mit „Morgen" zu tun! Er kommt von dem friesischen Wort „moi" – und das heißt einfach nur „*gut*". Daher kann man auch den ganzen Tag über „Moin" sagen.

sut|sche ... ist ein Lehnwort aus dem Friesischen, wo es soviel wie „*ruhig*", „*entspannt*" oder „*langsam*" bedeutet. Fatal wird es, wenn ein Siegerländer dieses Wort hört – für ihn bedeutet „Sutsche" nämlich „Matsch" oder „Soße".

Tschüss Sie werden es kaum glauben, aber diese inzwischen im ganzen deutschen Sprachraum gängige Verabschiedungsformel hat ihren Ursprung im spanischen „*Adios*". Vermutlich wollten sich höfliche Hafenbewohner von spanischen Seeleuten in deren Landessprache – die ja, richtig ausgesprochen, sehr vernuschelt wird – verabschieden, was den norddeutschen Zungen aber nicht ganz gelang. Der dabei entstandene Laut wirkte aber trotzdem weltmännisch und war zudem viel kürzer als das bis dahin übliche „Auf Wiedersehen". Also übernahm man ihn in das Norddeutsche, das ja für seine Kurzgefasstheit legendär ist.

Was die Hamburger Schule lehrt

Neulich kam unser Chorleiter – wie aufmerksame Leser dieses Buches bereits wissen, singe ich ja bei Raue Kehle Altona – mit einem neuen Hamburg-Song, bei dem meiner norddeutschen Seele ganz warm ums Herz wurde. Er stammt von einem gewissen Bernd Begemann und der Refrain geht so:

Unten am Fluss – Unten am Hafen – Wo die großen Schiffe schlafen ...

Ich wunderte mich natürlich etwas, dass so ein Volkslied nicht in allen Gesangsbüchern steht, da sagte der Chorleiter aber lachend zu mir: „Mensch, das ist doch aus der Hamburger Schule!“ Also von einer Frankfurter Schule hatte ich ja schon mal gehört. Aber hatten diese Hessen nicht eher mächtig philosophiert statt zu singen? Da lachte mein Chorleiter – Jan heißt er – noch lauter. Nun muss ich aber einfügen, dass er ein paar Jahrzehnte jünger ist als ich. Nicht, dass ich musikalisch nicht mit der Zeit gegangen wäre: Ich mag Peter Kraus, die Stones, Abba und Seemannslieder wie jeder andere! Aber mit der Hamburger Schule – da ist mir wohl was

entgangen... Obwohl ich doch öfters mal im Tonstudio zugange bin, wenn ich für das Fernsehen arbeite.

„Aber die Neue Deutsche Welle in den 80er-Jahren hast Du noch mitbekommen?“, fragte Jan. Klar hatte ich das: Da waren doch die ganzen Bekloppten unterwegs und haben verrückte deutsche Lieder gesungen. Da wurde *Hurra* geschrien, wenn die Schule brannte, man fuhr mit dem Tretboot in Seenot, wollte ein Eisbär sein und hatte auch dann noch Spaß, wenn der Liter Benzin *2 Mark 10* kostete ... Hätte ich sogar heute noch, denn das sind ja nur 1,07 Euro.

„Gut, dann weißt Du bis dahin ja noch bescheid! Gleich danach kam die Hamburger Schule. Sozusagen die „Norddeutsche Welle“. Das waren lauter Bands aus Hamburg, die die vorherige Welle musikalisch mit Stilmitteln aus Grunge, Indie und Postpunk aufpeppten ...“ – da muss ich Jan wohl ziemlich dämlich angesehen haben, denn gleich korrigierte er sich: „... also, die machten etwas modernere Sachen als den abgenudelten Pop, der sich mit der Neuen Deutschen Welle ausgelaufen hatte.“ Ich nickte einfach mal Verständnis vortäuschend und hörte weiter zu: „Cpt. Kirk, Die Goldenen Zitronen, Blumfeld ... ach, das waren noch Zeiten. Damals, die Konzerte...“ Ich fand es schon bemerkenswert, dass da gerade ein jungenhafter Enddreißiger von seiner Jugend schwärmte wie mein Opa von seiner Butterfahrt auf dem Rhein; standen da etwa Tränchen in den Augenwinkeln meines Chormeisters? Jan bekam aber schnell wieder den Bogen: „Das Wichtige aber war: Die sangen weiter alle auf Deutsch. Das hat aber nun

Momsens Großneffe will Musikproduzent werden

nichts mit irgendwelchem Nationalstolz zu tun. Die Sterne haben sogar mal einen Song mit dem Titel *Ich scheiß auf deutsche Texte* gemacht – soviel mal dazu ... Im Gegensatz zur NDW waren die Texte viel anspruchsvoller und glänzten anstatt mit Spaß und Blödsinn mehr mit Gesellschaftskritik, Poesie und Philosophie. Deshalb prägte ein bissiger taz-Redakteur den Begriff ‚Hamburger Schule' – insofern hast Du schon recht mit den Philosophen aus Frankfurt..."

Ich sagte: „Wo steckt denn bei dem Text ‚Unten am Hafen, wo die großen Schiffe schlafen' die Gesellschaftskritik? Wettert der da gegen das moderne Kreuzfahrertum, oder was? Und mal ehrlich: Sooo toll ist es auch nicht, ‚Hafen' auf ‚schlafen' zu reimen..."

„Nee", antwortete Jan, „aber was hältst Du davon: ‚*...wenn Dich im Dunkeln mit mir Dein Tastsinn verlässt, / wie man Liebe macht hat uns nicht nur um den Beischlaf, / sondern auch um den Verstand gebracht und zölibatäre Linguisten, / Leer/Lehrkörper und Theisten haben sich hoffentlich totgelacht*'. Das ist von der ersten Blumfeld-Scheibe, „Ich-Maschine", die für viele auch heute noch als eine der besten Platten der Zeit gilt."

„Und sowas hat sich verkauft?"

„Zuerst fanden die Bands keinen Verlag und traten nur live auf. Aber dann wurden eigene Label für solche Musik gegründet: L'age de l'or und What's fun-

Auch im Mini-Tonstudio kann große Musik entstehen

ny about. Und ja, die verkaufen noch heute. Bands wie Tocotronic spielen auch heute noch – in ausverkauften Konzerthallen. Ist aber immer schon für ein recht spezielles Publikum gewesen und wenig radiotauglich. Die große Zeit der Hamburger Schule ging Mitte der 90er-Jahre langsam ihrem Ende entgegen. Aber sie prägt den Pop in Deutschland bis heute – eben durch die Texte auf Deutsch. Was wir als ganz normal empfinden, war in den 80ern noch die belächelte Ausnahme."

„Aha", sagte ich, "und dieser Bernd Begemann – was ist das für einer?"

„Der kommt aus Bad Salzuflen und schnupperte erst mal in die Hamburger Szene rein, wie übrigens noch ein paar andere aus der Gegend. Anfangs hat er nur seine Ostwestfalen-Freunde mit den Pennälern aus Hamburg zusammengebracht, aber dann hat er sich dazu entschlossen, selbst die Kur- gegen die Hafenluft zu tauschen und nach Hamburg zu ziehen. Diese Erfahrungen und seine neue Liebe zur Stadt hat er auch gleich zu einem Lied verarbeitet, Du weißt schon, welches..."

Tja, und da fingen wir beide an zu singen:

In diesen Nächten
Lief ich ziellos durch die Strassen
Manche Träume
Lassen Dich nicht schlafen
Die Frauen standen
Vor den Türen und sie taten so
Als würden sie
In Wirklichkeit gar nicht warten

Unten am Fluss
Unten am Hafen
Wo die grossen
Schiffe schlafen

Wie man sich nicht an Bernstein verbrennt

Bernstein – das Gold des Nordens. Seit Jahrtausenden schon sammelt man ihn an den Küsten von Nord- und vor allem Ostsee. „Bernsteinküste" nannte man die baltischen Gefilde in den antiken Hochkulturen – als man noch glaubte, in dieser fernen, fremden Gegend sei der Rand der Erdscheibe nicht fern, sodass hier schon fast das ständige dumpfe Grollen des Wassers, das in das Weltall fällt, zu hören wäre. Spätestens seit der Bronzezeit war Bernstein – in der Wissenschaft „Succinit" genannt – einer der größten Exportschlager Norddeutschlands. Man findet ihn unter altägyptischen Grabbeigaben wie auch in lateinischen Pamphleten: Plinius der Jüngere regte sich im alten Rom darüber auf, dass ein kleines Figürchen aus diesem germanischen Material teurer als ein Sklave sei. Noch heute kann man Bernstein finden – wenn man denn bei einem Strandspaziergang die Augen aufhält und einem das Glück gesonnen ist.

Bernstein ist fossil gewordenes Harz. Von welchem Baum, weiß man nicht genau. Vermutlich handelt es sich um einen Vorfahren eines heute gängigen Nadelbaums. Im Rohzustand ist so eine versteinerte Baumausscheidung matt. Poliert man sie jedoch ein wenig, wird sie durchscheinend wie ein Edelstein, meist in den Farben Braun, Orange und Gold changierend. Es ist nicht unmöglich, dass man dann in dem Stein Einschlüsse vorfindet: Ein Blättchen, ein Stück Baumrinde oder gar ein unglückliches Insekt, das von einem Tropfen der zähen Flüssigkeit überrascht und luftdicht eingeschlossen wurde. In diesem Vakuum konnten sich die Objekte Millionen von Jahren erhalten.

Bernstein ist etwas leichter als Salzwasser – weshalb er an den Meeresküsten anschwemmt und sich dort in der Brandung zwischen Muscheln, Kieseln und vor allem Holzstückchen tummelt. Besonders gern eben an den Küsten der Ostsee, wo es ein besonderer Spaß für Badegäste ist, einmal so einen „Fast-Edelstein" zu finden. Da gibt es nur ein kleines Problem: Auf der beliebten Badeinsel Usedom in Mecklenburg-Vorpommern kann man braune Bröckchen am Strand finden, die sich ebenfalls zwischen den Strandkieseln wälzen, genau so aussehen, wie Bernsteine – aber für den Finder eventuell fatale Folgen haben können. Und zwar dann, wenn er sie aufnimmt, sich freut, einen Bernstein gefunden zu haben – und in die Hose steckt, zu den anderen Fundstücken der Strandwanderung. Dort trocknet das kleine Steinchen, atmet etwas Luft ... und beginnt plötzlich zu brennen! Nicht etwa wie ein Streichholz, sondern eher wie eine überhitzte Napalmbombe, die mit 1300 °C in Ihrer Hose steckt! Und wie Napalm lässt sich das Ganze auch nicht besonders gut löschen. Wasser hilft nur für ein paar Augenblicke, dann flammt das Ding wieder auf. Löschschaum ist gerade nicht zur Hand. Es hilft nur feuchter Sand darauf. Und dann „nix wie weg mit der Büx“ – allem Scham zum Trotz. Dabei aber bloß nichts mit den Händen anfassen, sonst brennen die auch noch an. Der vermeintliche Bernstein, den nicht einmal Experten ohne Weiteres von echtem unterscheiden können, ist nämlich in Wahrheit Phosphor, der im Zweiten Weltkrieg als Brandladung in Bomben benutzt wurde. Zu dieser Zeit befand sich ausgerechnet auf der Sonneninsel Usedom eine geheime Heeresversuchsanstalt der Wehrmacht, besser bekannt als „Peenemünde“, wo unter anderem die ersten Raketenwaffen getestet wurden. Seit die Alliierten dies herausgefunden hatten, war dieser Ort natürlich ein Ziel erster Güte: Am 17. August 1943 starteten 596 Bomber aus England, um jegliche weitere Raketenentwicklung der Nazis ein für alle Mal zu unterbinden. Leider machten die Zielmarkierer der Royal Air Force einige Fehler; so fielen die rund 600 Tonnen Spreng- und 120 Tonnen Brandbomben (darunter die mit dem Phosphor) am Ende fast allesamt einfach nur in die Ostsee und versanken dort, statt Hitlers Welteroberungsvisionen Einhalt zu gebieten. Und dort, in der Ostsee, unweit der Badestrände Usedoms, liegen die Bomben noch heute. Und rosten, und rosten ... sodass nach und nach immer mehr Phosphor bei ihnen austritt und als vermeintlicher „Bernstein“ an die Küste dümpelt. Die Bomben zu bergen, ist viel zu gefährlich und vor allem: zu teuer.

Wenn Sie denn also ausgerechnet in dieser Region nach Bernstein suchen wollen – dann sammeln Sie ihre Fundstücke bitte in einer Blechdose, die Sie weit weg vom Körper tragen! Wenn es dann irgendwann einmal Flammen gibt, können Sie die Dose einfach auf Abstand halten. Schade nur, wenn sich dann unter Ihren Fundstücken auch echte Bernsteine befunden haben sollten: Die schmelzen nämlich bei Temperaturen über 300°C...

Vorsicht bei der Suche. Bernstein sieht Phosphor zum Verwechseln ähnlich

Was es mit dem Tüdelband auf sich hat

Es ist ein Jammer, dass zunehmend weniger Leute Plattdeutsch sprechen oder verstehen, denn die niederdeutsche Sprache hat Worte und Begriffe in petto, die das Hochdeutsche gar nicht ersetzen kann. Das „Tüdelband" z.B. ist so ein herrlicher, hamburgischer Ausdruck. Er steht für ... naja: ein Tüdelband eben! Also so eine Schnur, Band, Faden, Kordel oder Ähnliches. Und weil das ja selten einfach nur da liegt und drauf wartet, benutzt zu werden, vertüdelt so ein Band nicht selten. Es verwickelt und verknotet sich und damit kommt der Benutzer dann wiederum ganz schön in den Tüdel – was (für alle Nichtnorddeutschen) soviel heißt wie „sich verheddern".

Das vielleicht schönste Lied Hamburgs „An de Eck steiht'n Jung mit'n Tüdelband" ist allerdings nicht dem oben beschriebenen Bindfaden gewidmet, sondern dem Trudelband. Zu dem kann man aber auch „Treudelband" oder eben „Tüdelband" sagen. Das ist ein Rad- oder Fassreifen, der mit einem Stock oder Haken vorwärts getrieben wurde und zum Ende des 19. Jahrhunderts ein beliebtes Spielzeug für Kinder war. Das Lied nun handelt von einem Jungen, der mit so einem Trudelband herumhantiert, sich dabei aber vertüdelt, böse hinfällt – aber gleich wieder aufsteht und so tut, als sei nichts gewesen. Weil so ein Sturz mit halb abgebissener Zunge als Folge ja nur „ein Klacks für einen Hamburger Jungen" ist.

Geradezu genial geht in der nächsten Strophe ein Hamburger Mädchen mit einer kleinen Katastrophe um: Auch sie knallt auf den Boden – hat aber zu allem Unglück auch noch einen Korb Eier und eine Flasche Rum (in die sie zuvor etwas zu tief hineingeschaut hat) dabei. Alles geht zu Bruch. Und was tut die kluge Deern? Mischt das Flüssig-Ei mit dem Alkohol – und hat einen eins a Eierpunsch!

An de Eck steiht ´n Jung mit´n Tüdelband
in de anner Hand ´n Bodderbrood mit Kees,
wenn he blots nich mit de Been in´n Tüdel kümmt
un dor liggt he ok all lang op de Nees
un he rasselt mit´n Dassel op´n Kantsteen
un he bitt sick ganz geheurig op de Tung,
as he opsteiht, seggt he: hett nich weeh doon,
ischa ´n Klacks för ´n Hamborger Jung
Jo, jo, jo, Klaun, klaun, Äppel wüllt wi klaun,
ruck zuck övern Zaun,
Ein jeder aber kann dat nich, denn he mutt ut Hamborg sien.

An de Eck steiht ´n Deern mit´n Eierkorf
in de anner Hand ´n groote Buddel Rum
Wenn se blots nich mit de Eier op dat Plaaster sleit
un dor seggt dat ok al lang „bum bum".
Un se smitt de Eiers un den Rum tosomen
un se seggt „so'n Eiergrog den hebb ik geern"
as se opsteiht, seggt se: „hett nich weeh doon,
ischa´n Klacks för´n Hamborger Deern

Jo, jo, jo, Klaun, klaun, Äppel wüllt wi klaun,
ruck zuck övern Zaun,
Ein jeder aber kann dat nich, denn he mutt ut Hamborg sien.

Den Text schrieb eine schillernde Hamburger Persönlichkeit: Walter Rothenburg (*1889, † 1975). Er stammte aus dem Arbeiterstadtteil Eimsbüttel, fuhr als junger Mann zur See, diente im Ersten Weltkrieg als Soldat

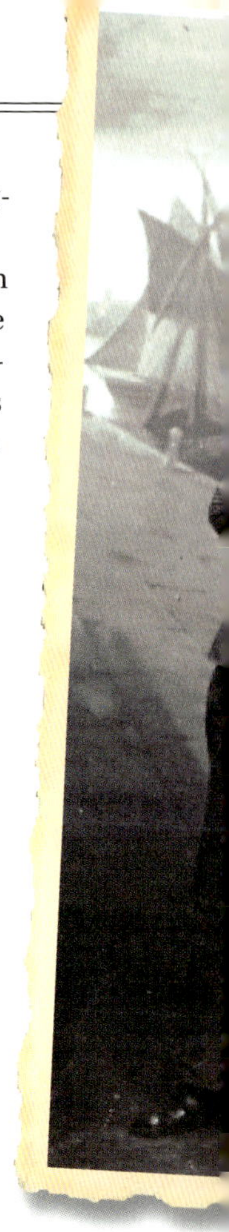

in Flandern und begann in dieser Zeit eine Karriere als Songschreiber und Literat, später wurde er Boxpromoter.

Bekanntheit erlangte Rothenburg vor allem mit seinem Song: „So ein Tag, so wunderschön wie heute". Der wurde auch 2013 am Ende des Champions League Finales in London gespielt. Berühmt wurde der Tüdelband-Song allerdings dank der Gebrüder Wolf, für die der Song geschrieben wurde.

Sie waren zur Geburtsstunde des Liedes – 1917 – bereits international gefeierte Stars, die als Prototypen des schnodderigen Hamburgers in Hafenarbeiterkluft auftraten. Ungefähr 60 Platten (und sogar einen Film!) machten die Brüder – für diese „Urzeit der Charts" eine ziemliche Menge.

So richtige Jungs von der Waterkant, die Platt snackten, als gäbe es kein Morgen mehr – das waren sie, die Söhne eines Schlachters aus der Hamburger Neustadt: Der 1867 geborene Ludwig, Leopold, 1869 geboren, und der auf 1870 datierende James – der allerdings bereits 1906 aus der Combo ausstieg, um einen Zeitschriftenladen zu führen.

Nur einen kleinen Makel gab es da – zumindest für all die Idioten, die irgendwann kurz nach Jahrhundertbeginn von der „Reinheit der Deutschen Rasse" zu phantasieren begannen: Diese Ur-Hamburger waren Juden.

Sicherheitshalber wandelten die Brüder daher ihren Familiennamen Isaac zum Künstlernamen „Wolf" um – und hatten so in jedem politischen Lager ihre Fans. In ihren Shows blieben sie immer ironisch-halbneutral. So durfte z.B. Walter Rothenburg für das Winterprogramm 1923 noch eine weitere Strophe zu dem Tüdelband-Lied hinzufügen, bei der man nicht genau weiß, ob der revolutionäre Jung' nun ein Held oder ein Trottel ist. Der Vers bezieht sich auf den sogenannten „Hamburger Aufstand" dieses Jahres, in dem sich extreme Rechte und Linke erbitterte Straßenschlachten lieferten:

An de Eck steiht 'n Jung mit Maschingewehr
in de anner Hand een Eierhandgranat,
wenn he blots nich mit de Dinger in'n Tüddel kümmt
un Rumps! Da hebbt wi den Salat.
Un so seilt he ok gen Himmel
un seggt: so'n Schiet, nix gelernt bi't Militär.
As he rünnerkommt, seggt he: "Hett nich weh dohn
is'n Klacks för so'n Revolutschionär."

Die Gebrüder Wolf als typisch Hamburger Jungs

Damit war nach Hitlers Machtergreifung 1933 jedoch Schluss: Die Auftritte der Wolfs wurden immer mehr erschwert und 1939 endgültig verboten.

Ihre Lieder jedoch wurden perverserweise zu „Deutschem Liedgut“ erklärt (so wie auch Heines „Loreley“ als Volkslied ausgegeben wurde) – denn norddeutsch-hamburgerisches gab es einfach nicht! Die UFA nutzte einige Wolf-Songs in ihren Filmen.

Das Ende dieser Geschichte ist eigentlich traurig – und lässt dennoch einen Funken Hoffnung. Die Hoffnung, dass es trotz allem irgendwie weitergeht. Dass man irgendwann wieder aufstehen kann – und sagen: „Ischa ’n Klacks för ´n Hamborger Jung“ !

Ganz wie im Lied vom Tüdelband ...

Leopold Wolf starb bereits 1926 eines natürlichen Todes.

Sein Sohn James Iwan, der nach dem Tod seines Vaters dessen Position bei den „Gebrüdern Wolf“ eingenommen hatte, wurde 1938 im KZ Sachsenhausen interniert. 1939 konnte er gemeinsam mit seinem Bruder Donat ins Exil nach Shanghai gehen. Dort traten sie als neue „Gebrüder Wolf“ auf. 1947, nach der Machtübernahme von Mao, mussten sie das Land verlassen und fanden ihr Glück als Entertainer in New York.

James Wolf, der „Zeitschriftenhändler“, wurde 1942 in das KZ Theresienstadt deportiert. Er starb dort ein Jahr später. Einer der Stolpersteine, die an die Opfer des Holocaust erinnern sollen, findet sich vor seinem letzten Wohnhaus in Hamburg, Bismarckstraße 11.

Ludwig Wolf überlebte trotz aller Repressalien die Nazi-Zeit in Hamburg. Seine ungeheure Popularität sowie seine nicht-jüdische Ehefrau, die weiter zu ihm hielt, mögen dafür den Ausschlag gegeben haben. Er starb 1955 und wurde feierlich auf dem Ohlsdorfer Friedhof beigesetzt.

Heute Nachbarn, einst Feinde: Dänemark und Deutschland

Wo man seine Grenzen hat

Norddeutschlands Grenzen sind ja eigentlich ziemlich klar: Im Westen hört der Norden da auf, wo das Meer beginnt, im Osten da, wo man plötzlich polnisch spricht und Wodka statt Köm trinkt. Und im Süden endet der Norden da, wo die Berge anfangen und dann noch ein Stück weiter. Aber im Norden selbst? Da sprechen plötzlich schon etliche dänisch und haben sogar eine eigene Partei, aber alles gehört noch zu Norddeutschland! Das ist schon komisch. Und dann geh' ich durch mein Hamburg-Altona – und da sind überall Grenzsteine im Boden. In der Schanzenstrasse, auf dem Schulterblatt, in der Brigittenstraße ... immer wieder diese Felsbrocken, in die „A – H" eingemeißelt ist. Aufgrund alter Zonenerfahrungen wird mir beim Thema Grenze ja immer noch mulmig. Doch welche soll das hier sein? Die astrogeografische Trennlinie zwischen A wie „Amerika" und H wie ... äh ... „Holland"? Gemessen an dem dritten Fixstern von links oder was? Sicherheitshalber hab ich in Altona immer meinen Reisepass mit – nicht, dass ich da aus Versehen noch irgendwo illegal einreise... Den Freihafen schaffen sie ab, aber mitten durch die Stadt ziehen sich jetzt Demarkationslinien, oder was?

Das hab ich mich immer gefragt, zumindest bis neulich. Da klärte mich der, mit dem ich gerade dieses Buch schreibe, darüber auf, dass das ganze mit den Dänen zu tun hat. Mal sehen, ob ich das noch zusammenkriege...

Also, das Wichtigste zuerst: Die Steine im Boden meines Spazierwegs sind tatsächlich alte Grenzsteine. Auf der einen Seite war Hamburg, auf der anderen Altona. Das waren nämlich früher mal zwei höchst verschiedene Paar Schuhe! Hamburg war eine freie Stadt – eine „Reichsstadt“ –, die irgendwie immer schon zu dem gehörte, was heute „Deutschland“ ist. Altona hingegen war zeitweilig die zweitgrößte Stadt ... und jetzt halten sie sich fest: von Dänemark! Und Dänen haben Altona auch gegründet. Bis 1864 war praktisch alles nördlich der Elbe Teil vom Königreich Dänemark. Obwohl die da bis Flensburg deutsch oder Platt gesprochen haben – und nicht dänisch. Aber da oben, in Schleswig-Holstein, war, historisch gesehen, immer schon ein Kuddelmuddel: Da gab es germanische Friesen und dänische Wikinger, deutsche Sachsen – die dann aber nach England auswanderten – und sogar ein paar Slawen, die sich eingemeindeten. Die erste halbwegs stabile Grenze wurde erst im Jahre 811 festgelegt: Nördlich der Eider war das Dänenreich, südlich davon begann das Heilige Römische Reich Deutscher Nation. Aber auf Dauer klappte das auch nicht so richtig. Die Schleswiger im Norden und die Holsteiner im Süden fühlten sich nämlich eigentlich viel mehr miteinander verbunden als

Was bedeuten nur diese Steine auf Hamburgs Straßen?

„A“ war Dänemark und „H“ Deutschland!

mit dem Deutschen Reich oder Dänemark. Norddeutsche halt. Trotzdem mussten sie sich nach einer Art Regierungskrise 1460 entscheiden, welche Supermacht ihre übergeordneten Interessen wahrnehmen sollte. Der Pott ging an, genau: Dänemark! In dem Vertrag, der da ausgehandelt wurde, steht eigens der Passus, dass Schleswig und Holstein von nun an „auf ewig ungeteilt“ sein sollen – „bliven ewich tosamende ungedelt“. Quasi als eine Art autonomer Region unter dem Schutz des Königs von Dänemark. Das klappte aber nicht so ganz. Fragen Sie mich bitte nicht, wer in der Folgezeit gegen wen, wann mal zusammen, mal doch wieder getrennt ... Jede Nachmittags-Telenovela mit über 1000 Folgen nachzuerzählen wäre dagegen ein Kinderspiel! Trotz allem war Schleswig-Holstein – und eben auch Altona, das damals nicht auf Hamburger Gebiet lag – fortan dänisch. Irgendwie zumindest. Obwohl fast alle da nur deutsch sprachen. Und alles war erst mal gut. Dann kommen im 19. Jahrhundert aber die Franzosen, die ja mit ihrem Napoleon fast ganz Europa erobern, und bringen alles durcheinander. Plötzlich kommen da Nationalgefühle auf: „Die sprechen französisch, also sind das Franzosen. Du sprichst dänisch, bist also Däne ... und ich bin Deutscher? Was aber mache ich hier als Däne???“ So kommt es in den Jahrzehnten nach dem kleinen, dicken Korsen immer mehr zu Abspaltungstendenzen der Schleswig-Holsteiner von Dänemark. Der olle Reichskanzler Bismarck wittert Morgenluft und bietet scheinheilig an, mit seinen Preußen und deren Verbündeten zu Hilfe zu kommen. 1864 kommt es zum Deutsch-Dänischen Krieg. Das Königreich Dänemark hat keine Chance gegen diesen übermächtigen Feind. Schleswig-Holstein ist damit aber nur vom Regen in die Traufe gekommen, denn nun wird es einfach zu einem Teil von Preußen. Das wiederum eine dänische Minderheit in Schleswig zulässt. So geht das noch etwas hin und her, erst 1937 wird Altona zum Beispiel ein Stadtteil von Hamburg. Ich sach' nur: Telenovela! 1946 schließlich wird Schleswig-Holstein endlich zu dem, als das wir es kennen: Ein Bundesland der Bundesrepublik Deutschland. Eines, in das die Dänen immer gern kommen, um ihre Autos mit Alkohol vollzuladen. Der ist hier nämlich viel billiger. Und die Deutschen fahren gern zu den Dänen, um an deren Stränden Urlaub zu machen. Eigentlich ist fast alles beim Alten. Nur, dass man für keine der neuen Grenzen mehr einen Pass braucht! Vor allem nicht in Altona ...

Wie man aus Papier Gold macht

Zu einem halbwegs vernüftig eingerichteten Schloss gehören (laut den Zeitschriften, die beim Friseur ausliegen) antike Marmorbüsten, Statuen aus Bronze, chinesische Vasen, schwere Kandelaber, Stuckaturen aus Gips, vergoldete Reliefs an den Wänden und so manches mehr. Das kostet natürlich Unsummen.

Nun, dem König von Frankreich, um ein Beispiel zu nennen, standen genug Mittel für solchen Luxus zur Verfügung. Was aber tun, wenn man es gerne ebenso golden-kuschelig wie im Schloss zu Versailles hätte,– aber gerade mal nur die Kohle für die Möblierung eines Landhauses übrig hat?

Im Mecklenburgischen Ludwigslust fand man Mitte des 18. Jahrhunderts die Lösung für das Luxusproblem. Im Jahre 1772 wurde dort mit dem Bau einer neuen Residenz für den Herzog Friedrich begonnen. Er wünschte sich ein ruhiges Anwesen abseits der Hauptstadt Schwerin, in dem er ungestört seinen Hobbys – den Naturwissenschaften und den schönen Künsten – nachgehen konnte. Daher sollte auch die Gemäldesammlung des Herrn Papas dort untergebracht werden. Mindestens wie Versailles sollte das Vorhaben schon sein: Das lag ja auch etwas abseits von Paris und war trotzdem Nabel der zivilisierten Welt. Friedrich hatte es in seiner Jugend einmal besucht und war nie wieder aus dem Schwärmen herausgekommen. Louise Friederike, die Gattin des Herzogs, war entzückt von diesem Neubau-Gedanken; schließlich war sie am Hof von Württemberg aufgewachsen – und daher Luxeriöseres gewöhnt als das, was das eher karge Schloss von Schwerin bot. Es gab da nur ein kleines Problem: Die Staatseinnahmen reichten bei weitem nicht aus, um den erträumten Palazzo Protzo mit all dem dazugehörenden Inventar zu finanzieren.

Da trat ein Angestellter des Herzogs auf den Plan, der einen verwegenen Vorschlag machte. Er hätte da so eine Erfindung gemacht, mit der man vielleicht aus der Bredouille käme ... Ob Ihre Durchlaucht doch mal schauen möchte?

Was genau dieser Herr Bachmann seinem Fürsten zeigte, ist nicht überliefert. Aber jetzt heben Sie mal irgendeine Philosophenbüste aus Marmor in Versailles hoch. Nein, um Gottes Willen nicht wirklich, sonst sind wir gleich von Wärtern umringt! Nur so in Gedanken. Und? Ist schwer, was? Die kriegen Sie kaum hoch. Jetzt das Gleiche noch einmal mit einem ähnlichen Denkerkopf in Ludwigslust. Was passiert? Ein Wunder! Sie können das Marmorhaupt auf einem Finger balancieren! Es sieht nämlich nur so aus wie Marmor, ist aber aus „Ludwigsluster Carton". Wie auch all die anderen Bronzebüsten, vergoldeten Stuckaturen, Marmorstatuen, Kerzenleuchter, Uhrgehäuse, Tischaufsätze und vieles mehr im Ludwigsluster Schloss. Alles nur Pappmaché.

Herr Bachmann hatte eine altbekannte Fertigkeit zur Vollendung getrieben. Sie kennen das Grundprinzip vielleicht noch aus der Schule: Luftballon aufblasen, mit Leim verklebte Zeitungsschnipsel in mehreren Lagen draufbappen, trocknen lassen … und fertig ist die Papierkugel, aus der man Masken oder Sparschweinchen basteln kann. Die Kunst des „zerkauten Papiers" war zwar bereits seit dem 15. Jahrhundert in Europa bekannt, kam bis dato aber nur für kleinere Preziosen wie Tabaksdosen oder Heiligenfigürchen zum Einsatz. Bachmann jedoch dachte groß – und entwickelte eine Methode, mit der die Papiermasse härter wurde und damit auch auf größeren und wesentlich komplizierteren Vorlagen als einem Luftballon auftragbar war. Eben auf Büsten, Deckenstuck oder Kandelabern. Praktisch alles, was der Ludwigsluster Hofbildhauer Sievert einmal als Matrix in Holz oder Ton schuf, konnte nun x-mal reproduziert werden. Diese Papierwaren konnte man schleifen und polieren, ganz so, als wenn sie aus wertvolleren Materialien gemacht worden wären. Dann den passenden Anstrich darauf – Bronze, Gold oder Marmorierung – und fertig! Der Clou: wasserdicht war das Ganze auch – so dass man sogar für den Garten Pappkameraden herstellen konnte. Wie genau die Technik vonstatten ging, ist Bachmanns großes Geheimnis, das er mit ins Grab nahm. Alle Handwerker, die für ihn arbeiteten, durften immer nur einen bestimmten Arbeitsschritt vornehmen – den Gesamtüberblick über die Carton-Herstellung behielt allein ihr Entwickler. So kann man im nachhinein nur mutmaßen, dass neben Leim auch gewisse Harze und Öle benutzt wurden, um die Papierschichten miteinander zu verkleben und haltbarer zu machen.

Das Tollste an dem Pappmaché aber war, dass der Grundstoff fast nichts kostete – im Gegensatz zu den klassischen Edelmaterialien. Im Notfall nahm man einfach alte Akten aus dem Archiv. Dank Bachmanns Erfindung konnte sich Herzog Friedrich daher doch noch seinen Traum vom „Kleinen Versailles im Norden" verwirklichen. Auch auf den zweiten und sogar auf den dritten Blick wirkt die Ausstattung von Schloss Ludwigslust noch heute edel, elegant und … sehr teuer. Wie eben ein Schloss aussehen muss – auch wenn der Palast eigentlich nur aus Pappe ist. Aber das muss ja nicht jeder Besucher wissen …

Was man aus Papier alles machen kann…!

Wie man über Die Weser geht

Sie suchen einen Job? Sie wiegen idealerweise genau 99 Pfund, sind wortgewandt und Schneider von Beruf? Dann sollten Sie sich für die Bremer Eiswette bewerben – dort wartet eine neue Herausforderung auf Sie! Die Tätigkeit ist allerdings nicht ganz ungefährlich – zumindest nach den allgemeinen Maßstäben der Modebranche. Dafür beträgt die Arbeitszeit auch nur ca. 1 Stunde pro Jahr und die Bezahlung ist überdurchschnittlich, wenn auch ungewöhnlich: Eine Doppelmagnum des eigens hergestellten, begehrten Eiswettenkorns, die Ihnen bei E-Bay sicher ein hübsches Sümmchen einbringen wird. Arbeitsbeginn ist am 6. Januar – Dreikönigstag! – um 12 Uhr mittags. Also zu einer ausgesprochen arbeitnehmerfreundlichen Zeit. Wenn Sie etwas später erscheinen – woraus Ihre Amtsvorgänger quasi schon eine Tradition gemacht haben –, wird Ihnen das ohne Weiteres nachgesehen. Ihr Arbeitsplatz ist ausgesprochen idyllisch an der Weser gelegen: Am Punkendeich, der direkt an die Bremer Altstadt grenzt. Dort erwarten Sie bereits die Honoratioren des Eiswett-Präsidiums in Frack und Zylinder, die Heiligen Drei Könige mit ihren Krönchen sowie etliche Zuschauer aus dem gemeinen Volk, um Ihnen bei Ihrer neuen Tätigkeit auf die Finger zu schauen. Dem Arbeitsvertrag nach scheint Ihre Aufgabe einfach: Sie sollen prüfen, ob die Weser

Das tapfere Schneiderlein in Aktion

an diesem Wintertag „geiht“ oder steiht“ – ob sie also zugefroren ist oder nicht. Das könnte man mit etwas Augenmaß und gesundem Menschenverstand eigentlich in Kürze erledigt haben – doch das Bremer Protokoll verlangt zu diesem Behufe ein relativ kompliziertes Procedere. Für die Hanseaten gilt die Weser nämlich nur dann als zugefroren, wenn ein Schneider von genau 99 Pfund Lebendgewicht mit einem heißen Bügeleisen in der Hand trockenen Fußes den Fluss überqueren kann. Anhand dieser Aufgabenstellung merkt man schon, dass es sich bei dieser Eisprobe um eine ziemlich alte Tradition handelt: Im November 1828 wurde erstmals in einer lustigen Runde von 18 gutbürgerlichen Herren Wetten darauf abgegeben, ob die Weser im Januar zugefroren sei. Der Wetteinsatz war ein üppiges Grünkohlessen für die Runde, das die Verlierer zu zahlen hatten. Spaß für alle war also garantiert! Und so sollte schnell ein alljährlich wiederkehrendes Ritual daraus werden. Ende des 19. Jahrhunderts allerdings wurde der Strom von der Mündung bis zu den Bremer Häfen begradigt und vertieft. Aus diesem Grund ist es seither fast unmöglich, dass die Weser zufriert. Sie ist einerseits inzwischen zu tief, andererseits ist ihr Salzgehalt durch das vermehrt einströmende Meerwasser höher – und Salzwasser friert bekanntlich schwerer. Im Prinzip ist daher der Prüferjob nur etwas für einen potenziellen Selbstmörder, der ein Faible für Tod durch Ertrinken hat. Trotz dieser Tatsachen wurde das Regelwerk der Eiswette seit der ersten Hälfte des 19. Jahrhunderts nie reformiert; das wundert wenig, denn das hätte logischerweise bei einem Fluss, der gar nicht vollständig von Eis bedeckt sein kann, das Aus für das ganze Gaudium bedeutet. Die Veranstaltung findet daher heute mit einer gewissen Toleranz und einigen Tricks statt. Keine Bange also, wenn Sie den Job antreten! Als Erstes müssen Sie sich unter Aufsicht des Notarius Publicus von dem Eiswett-Medicus untersuchen lassen. Dieser hat eine klassische Dezimalwaage aufgebaut, um Ihr vermeintliches Idealgewicht von 99 Pfund festzustellen. Aber welcher Schneider wiegt im 21. Jahrhundert schon 99 Pfund? Lenken Sie vom Thema ab, plaudern Sie über alle Skandale und Skandälchen des vergangenen Jahres. Dabei wird Ihnen schon ein Grund einfallen, weshalb Sie eigentlich 99 Pfund wiegen, nur jetzt gerade aber nicht. Klar, der Grünkohl heute Mittag ... Ihre Schutzkleidung wiegt auch allein schon 20 Kilo! Und nein, ausziehen vor all den Leuten werden Sie sich jetzt nicht! Ach, Ihnen fällt schon etwas ein, damit der Notarius irgendwann entnervt dem Eiswett-Präsidenten empfiehlt, die Gewichtsvoraussetzung als erfüllt anzusehen. Sodann kommt die zweite schmerzhafte Prüfung – schmerzhaft für den Medicus. Der muss nämlich mit seinem bloßen Finger bezeugen, dass Ihr Bügeleisen auch wirklich heiß ist. Ist es natürlich. Sie wollen ja auch Ihren Spaß. Nun ist der Zeitpunkt gekommen, an dem Sie ins Wasser gehen sollen. Als Zuspruch für diesen vermeintlich letzten Gang überreicht man Ihnen Ihren Lohn, die riesige Köm-Buddel. Gehen Sie damit tapfer und gemessenen Schrittes an das Weser-Ufer. Die Rettung naht zu diesem Zeitpunkt schon: Ein Boot der Deutschen Gesellschaft zur Rettung Schiffbrüchiger (DGzRS). Springen Sie schnell an Bord und lassen Sie sich in Sicherheit, ans andere Weserufer, bringen. Winken Sie vom Deck aus noch einmal hämisch den an Land Gebliebenen zu, gönnen Sie sich einen großen Schluck aus Ihrer Lohn-Flasche und ... Feierabend!

Ein paar Tage nach diesem Outdoor-Event trifft sich die ganze Wettgemeinde zu einem feuchtfröhlichen Grünkohlessen – eine Art Spendengala. Bei der Eiswette (die genau genommen ja keine mehr ist) gibt es nur Gewinner: Alle Teilnehmer haben ihren Spaß – und das Geld, das sie dabei lassen, geht an die Seenotretter.

Haben Sie immer noch Interesse an dem Schneiderjob? Wenden Sie sich einfach an die Eiswette von 1829 in Bremen!

Im Oberlauf der Weser kann man durchaus noch in harten Wintern über den Fluss gehen

Bremer Eiswettlied

(Text und Musik: Matthias Brodowy)

*Dreikönigstag schon weit nach 12, ein tapfres Schneiderlein
trifft abgehetzt und viel zu spät am Punkendeiche ein,
an diesem Tage wird gewettet, einer kann nur siegen
und unser tapfres Schneiderlein muss 99 Pfund wiegen.*

*Vor Tausenden reißt er nun Possen, erinnert sich ans letzte Jahr,
was in Bremen so gewesen, was alles vorgefallen war.
Bis der Notarius Publicus zur Tat schreitet, es drängt,
und er den Schneider schließlich hin zur Waage lenkt.*

*Die Waage, sie wiegt punktgenau seit anno Dezimal,
paar Pfund zu wenig, meist zu viel, doch es bleibt keine Wahl.
Man einigt sich schon seit Jahrzehnten auf unzählige Weisen,
das mit dem Gewicht liegt sicher auch am heißen Bügeleisen.*

*1829, das war damals die Zeit,
als die Kaufmannsleut' noch fieberten, ob sie geiht oder steiht.
Heut muss das Los entscheiden, nicht nur in Wintern wie diesen,
seit 60 Jahren ist die Weser immer nur am Fließen.*

*Manch Klimaforscher sieht bereits die kommende Eiszeit,
wenn der Golfstrom ausbleibt, kann's passiern,
dass die Weser wieder steiht,
und wenn dereinst der Schnee sich auf die Felder legt,
feiern wir trotzdem weiter, weil Braunkohl Eis verträgt.*

*Der Schneider fährt im Boot herüber, den Eiswettkorn zur Hand,
erreicht trockenen Fußes auf der Neustadtseite das Land,
zur Probe wirft man Steine nun ins Gewässer weit
und der Präsident verkündet, dat de Weser geiht.*

*Wenn nun auch die Fluten so lang schon nicht vereisen,
pflegt man Freundschaft und Kontakte und man
trifft sich beim Speisen.
So feiert man seit über 180 Jahren an der Weser,
erheben wir auf diesen Schneider nochmal unser Gläser.*

Welchen Rotspon man trinkt – und welchen nicht

Es gibt in letzter Zeit ja tatsächlich Rotweine, die direkt im Norden angebaut werden. Dies haben wir allerdings nur der globalen Erderwärmung zu verdanken, die es uns auch ermöglichen wird, hier demnächst Bananen zu ernten.

Seit der Erfindung der Weinherstellung vor rund 4000 Jahren (ausgerechnet im Iran!) bis eben vor Kurzem war es den roten Trauben auf der norddeutschen Scholle aber einfach zu kalt.

So hieß der Wein des Nordens während all der Jahrhunderte zumeist „Lütt und Lütt" – also Bier und Korn. Oder aber Rotspon – was nichts anderes heißt als „Rotwein" und tatsächlich einer ist. Aber der kam nicht von hier – zumindest nicht direkt...

Ende des 13. Jahrhunderts entdeckten die hanseatischen Kaufleute das leckere alkoholische Getränk aus Traubensaft als Bieralternative für sich. Die Nachfrage stieg im Laufe der Jahrzehnte zunehmend. Da Transporte über Land zu jenen Zeiten schwierig waren, kam von den großen Weinregionen im Süden eigentlich nur eine für die Labung der trockenen Kaufmanns-Kehlen in Frage: Bordeaux.

Da dies direkt am Atlantik liegt, konnten die Hanse-Koggen nämlich schnell und bequem dorthin segeln, die Ware an Bord nehmen und ebenso schnell wieder zu den durstigen Endverbrauchern in den Hafenstädten Lübeck, Bremen, Hamburg und Rostock zurückkehren.

Bordeaux war aber auch ansonsten eine ziemlich gute Wahl, denn noch heute werden dort die vielleicht besten – auf jeden Fall aber die teuersten! – Rotweine der Welt produziert (neben jenen aus Burgund – aber das liegt ja im französischen Binnenland).

Glaubt man den Beschreibungen der Zeit, dann wurde der französische Wein in den Händen der Norddeutschen sogar noch besser. Und man glaubt es gern, denn es ergibt aus verschiedenen Gründen durchaus Sinn:

1. Die Hanseaten verwendeten für den Transport der edlen Tropfen nur frische Fässer aus exzellenten Hölzern. Im Anbaugebiet selbst wurde der Wein häufig in Fässern minderwertiger Qualität ausgebaut, die womöglich aus Kostengründen auch noch ein paar Mal zu oft benutzt worden waren – wodurch der Wein erheblichen Schaden nehmen kann.

2. Beim Schiffstransport kam der Wein durch das Rollen der Boote buchstäblich in Bewegung – was unter Umständen einen positiven Effekt auf seine Qualität gehabt haben mag (man denke an den Aquavit, der bis heute durch die gleiche Methode verbessert – und verteuert – wird!).

3. Am Zielort wurde der Wein zumeist nicht gleich verkauft, sondern unter Bedingungen, die Hersteller selbst oft nicht bieten konnten, in Kellern gereift.

4. Die Kellermeister der Hanseaten entwickelten immer raffiniertere Methoden, Weine verschiedener Herkunft miteinander zu vermischen, um das Optimum an Geschmack zu erzielen. Dies übrigens übernahmen später wiederum die Bordelaiser: Der Bordeaux von heute ist immer eine so genannte Cuvée (also eine Mischung) aus den Säften verschiedener Traubensorten. Allerdings immer nur aus einem begrenzten Gebiet und einem Jahrgang.

Erst mit der Erfindung der Eisenbahn, die es ermöglichte, Weine auch aus anderen, binnenländischen Regionen durch ganz Europa gen Norden zu verfrachten, schlief die Tradition des Rotspons langsam ein.

Einige Marketingexperten belebten sie Ende des 20. Jahrhunderts zwar wieder. Allerdings haben die Rotspons von heute meist nur noch wenig mit den traditionellen gemein. Da „Rotspon" kein geschützter Begriff ist, kann man von irgendwoher irgendeinen Rotwein importieren, der nie ein Holzfass oder gar ein Schiff gesehen hat, ihn in eine Flasche füllen und ein hübsches Etikett darauf kleben, das einem „hanseatische Tradition" vorgaukelt.

Da sollte sich der Weinliebhaber lieber einen ordentlichen Bordeaux leisten – der kommt dem Ur-Rotspon schon näher!

Hanseatische Rotwein-Tradition:

Schweinerei: Das entzückende Borstenvieh wird zu Wurst!

Wie man pervers leckere Würste macht

Verehrte Vegetarier, liebe Veganer, bitte lest diesen Artikel nicht weiter, denn sonst wird Euch womöglich noch schlecht. Ehrlich. Ist nichts für Euch. Sind sie weg?

Na fein! Dann begrüßen wir hier die unerschrockenen Fleischliebhaber, alle jene, die nichts mögen, was brutal aus dem Boden gezerrt, mit scharfen Sicheln niedergemäht oder respektlos von den Bäumen geschüttelt wurde! Heute geht es hier zur Sache, denn wir reden von der vielleicht perversesten Wurst, die der Norden zu bieten hat: Der Bregenwurst.

Wie der Name schon sagt, besteht sie zu einem guten Teil aus Bregen – manche sagen auch „Hirn" dazu. Aber wir bleiben mal hübsch norddeutsch bei „Bregen". Genauer: Bei jenem vom Schwein. Diese Bregenwurst gehört unbedingt zu Grünkohl, dem norddeutschen Nationalgericht. Allerdings bevorzugen einige auch hirnlose Varianten wie „Pinkel", „Kohlwurst" oder Schlimmeres. Keine Frage: Der Kenner verlangt Hirn – in jeder Beziehung. Dumm nur, dass wir uns in einer Zeit allgemeiner

Verblödung befinden und Hirn offiziell nicht mehr verkauft werden darf. Die Bregenwurst von heute gibt es also nur noch ohne Bregen – was ungefähr so idiotisch ist, als wenn man „Veganen Fleischsalat“ verkaufen würde.. Die Bregenwurst von heute gibt es nämlich nur noch ohne Bregen – was ungefähr so idiotisch ist, als wenn man „Veganen Fleischsalat“ verkaufen würde. Im Jahre 2000 wurde jedoch ein Gesetz gegen jegliche Art von Hirn-Verarbeitung erlassen, um etwaige Seuchengefahren durch BSE, Creutzfeldt-Jacob, Scrapie usw. gar nicht erst aufkommen zu lassen. Daher darf es auch keine Wurst mit Bregen (außer im Namen) mehr geben. Autofahren und rauchen darf man jedoch noch immer – und beides ist wesentlich tödlicher als der Hirn-Verzehr. Aber so sind nun einmal die Gesetze. Also heißt es: Selbermachen! Ist gar nicht so schwer, wenn man denn die erste Hürde genommen hat und sich über den Schlachter seines Vertrauens Bregen besorgen konnte. Der nette, selbst schlachtende Schweinezüchter aus dem weiteren Bekanntenkreis oder der freundliche Drogen-Dealer an der Straßenecke sind übrigens auch immer gute Bezugsquellen. Das weiß-gräuliche Objekt der Begierde wird mit heißem Wasser überbrüht, damit man die Schutzhaut abziehen kann. Sodann scheidet man es in kleine Stücke, tut dasselbe mit einer dreifachen Menge gut durchwachsenen Schweinfleischs sowie einigen Zwiebeln und dreht alles zusammen durch den Fleischwolf, damit eine schöne, sämige Wurstmasse entsteht. Diese wird mit Salz, Pfeffer, Piment und Muskat gewürzt. In der Zwischenzeit hat unser freundlicher Dealer auch noch einen Satz Naturdärme vom Borstenvieh geliefert. Wir wässern und reinigen sie und ziehen sie hernach auf den Abfüllstutzen unseres Fleischwolfs. Mit diesem wirklich praktischen Gerät, das gerade eben noch aus Fleisch eine Art Paste machte, pressen wir nun unsere Wurstmasse in das Gedärm, drehen paarweise die Würste ab und binden sie zusammen.

Diese „Frischwürste“ könnten wir schon jetzt in unseren Grünkohl geben – lecker sind sie allemal. Aber wir wollen sie noch etwas verfeinern. Dazu lassen wir Buchenspäne in unserem Räucherofen zu Rauch werden. Falls wir keinen Räucherofen zur Hand haben, geht zur Not auch der Backofen. Oder – bei größeren Wurstmengen – die Besenkammer oder das Gästeklo. Eine gute Stunde in der Buchenrauch-Sauna reicht den Fleischwaren im Normalfall; sollten Sie allerdings Kettenraucher zu Gast haben, können Sie die Räucherzeit auch gern auf bis zu fünf Stunden ausdehnen.

Danach einfach: Hinein mit der Wurst in den Grünkohltopf! Nur mit dieser herrlichen, und – zugegebener Maßen – etwas delikaten norddeutschen Gaumenfreude, mit der man alle Pflanzenesser erschrecken kann, wird daraus ein Gedicht! *Alles andere ist … Grünkohl mit Kohlwurst.*

Wie man den Tidenkalender liest

Mein Freund Kalle singt mit mir im Chor „Raue Kehle Altona“. Ansonsten hat er als Hobby noch: Das Watt. Da fährt er – wann immer es ihm möglich ist – hin. Ich war ja auch paar Mal dort – aber soooo doll finde ich diese Schlammwüste, die sich alle paar Stunden in Meer verwandelt und dann wieder zurück, ehrlich gesagt nicht. Daher hab’ ich Kalle mal nach einer Chorprobe – und einigen lockernden Bierchen – gefragt, was er am Watt eigentlich so schön findet. Das Herumstaksen im Matsch etwa? Vögel gucken, Krebse sammeln, den Wattwürmern beim Häufchenmachen zusehen? Oder – so ganz allgemein philosophisch – die endlose Weite und Freiheit?

„Ach watt!“, hat Kalle da gesagt,.

„Aber was in Herrgotts Namen machst Du dann den ganzen lieben langen Tag am Watt?“

„Na, ich sitze am Deich und schau’ zu, wie die Badegäste winken! So, wie die Familie Schubart aus Wanne-Eickel zum Beispiel – die wohnen in der gleichen Pension wie ich.“

„Aha“, sagte ich tonlos. „Und weiter?“

„Wenn ich da auf meiner Bank am Deich sitze und die winken mir zu, dann winke ich fröhlich zurück. Und wenn sie denn schnurstracks in den Schlick reingehen, immer weiter auf das Meer zu – also dahin, wo sie vermuten, dass es da ist –, denk ich immer: Na, die sind ja mutig! Aber sind ja auch kluge Leute aus dem Westen – er macht irgendwas mit Ingenieur oder so. Irgendwann sieht man die dann fast gar nicht mehr. Aber dann kommen sie plötzlich wieder ganz schnell angelaufen. Und denn winken sie ganz dolle. Ich wink’ natürlich wieder zurück – man ist ja nicht unhöflich. Ist ja auch ganz nett, wenn die sich so freuen, einen zu sehen, nich’? Aber wie die sich erst freuen, wenn sie durch das Wasser waten! Denn winken sie sogar noch mehr. Ist ja auch erfrischend, das kalte Nordseewasser ... Soll ja sogar gesund sein! Tjaaaa ... und dann kommen sie irgendwann patschnass an mir vorbei. Da winken sie dann aber nicht mehr. Der Vater schimpft: ‚Also dieser Tidenkalender – der stimmt doch überhaupt nicht! Die Flut soll hier doch immer um

Wattwandern: Hauptsache, man ist vor der Flut wieder auf sicherem Boden!

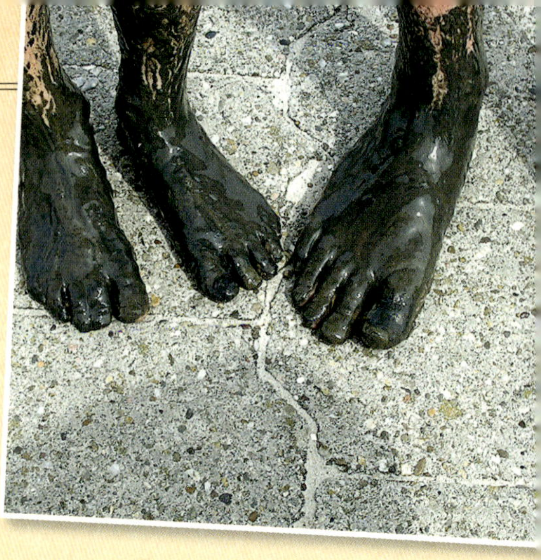

11.17 Uhr kommen! Und jetzt das!' Ich guck' dann immer auf die Nachbarbank, wo einer aus dem Dorf sitzt und auch immer dem Winken zusieht. Der schüttelt nur den Kopf: und verdreht die Augen: ‚Badegäste, sach' ich nur, Badegäste! Aber winken können sie schön.'"

„Moment!", fiel ich da ein. „Wenn im Tidenkalender steht, dass Hochwasser um 11.17 Uhr ist – dann sollte das doch auch um 11.17 Uhr stattfinden – oder?"

Kalle schaute mich an, als ob er das klassische „Bist ja Dumm wie'n Badegast!" sagen wollte. Er tat es aber nicht, sondern sprach: „Der Tidenkalender ist ja nicht blöd! Aber wenn da gestern das Hochwasser für 11.17 Uhr notiert ist – dann ist es heute bummelich 50 Minuten weiter! Und morgen noch mal 50 Minuten! Und übermorgen noch mal ... dafür gibt es doch den Tidenkalender!"

Was für einen Blick ich in diesem Moment drauf hatte, kann ich nicht sagen; offenbar führte er aber dazu, dass Kalle plötzlich über sich selbst hinaus wuchs:

„Oh Mann, ist doch ganz klar! Die Gezeiten – auch „Tiden" genannt – ergeben sich durch die Anziehungskräfte des Mondes und der Sonne auf die Erde! Die Erde braucht für eine komplette Drehung um sich selbst 24 Stunden, der gute, alte Mond für einen ganzen Gang am Firmament aber rund 50 Minuten länger! Flut und Ebbe – die sich ja bei dem Ganzen auch noch mal in der Hälfte aufteilen – schwabbern also nicht genau im 12-Stundenrhythmus, sondern in einem, der ungefähr 12 Stunden und 25 Minuten dauert! Deshalb schieben sich Hochwasser und Ebbe jeden Tag um rund 50 Minuten. Soll heißen: Wenn gestern das Hochwasser am Tag um 11.17 Uhr war – dann ist es heute um 12,07 Uhr! Und morgen um 12.57 Uhr. Ist doch klar! Genau deshalb macht man doch den Tidenkalender für jeden Tag! Sonst könnte man ja auch den

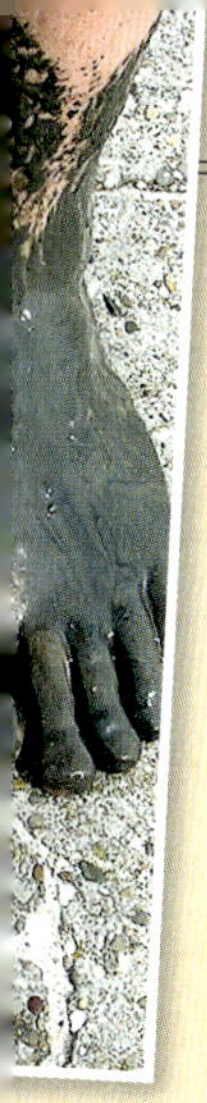

von der Bahn nehmen – aber der ist wesentlich ungenauer..."

Ich hatte gerade nichts zu sagen. Kann auch gut sein, dass mir auch mein Klappmaul herunter hing. Kalle fuhr auf jeden Fall fort mit einem langgezogenen Laut: „Tjaaaaaaa". Dann erzählte er einfach weiter: „Ich gebe ja zu: Selbst Eingeborene kommen mit diesem System manchmal durcheinander. Aber gerade deshalb bin ich ja so gerne am Wattenmeer: Alle winken immer so schön! Muss ja nicht immer für einen selber sein. Ist auch hübsch, durch ein Fernglas zu beobachten, wie Wattirrläufer auf einer fast überfluteten Sandbank dem nahenden Seenotrettungskreuzer winken! Manchmal ist es sogar so, dass sie bereits an irgendeinem Signalpfosten mitten im Meer hängen. Umgekehrt geht es aber auch. Zum Beispiel wenn die Ebbe ein kleines Boot erwischt hat, das dann plötzlich auf dem Trockenen liegt. Die Menschen darauf winken auch immer ganz herzlich, wenn die DLRG kommt ... Ich mag das einfach, wie man sich im Watt zuwinkt."

Irgendwie konnte ich nichts darauf erwidern – obwohl ich ja prinzipiell nichts dagegen habe, wenn man sich zuwinkt. Ich nickte Kalle einfach nur anerkennend zu, trank mein Bier aus – und wusste etwas genauer, warum ich das Wattenmeer nicht besonders mag.

Das Bild trügt: Gleich ist hier wieder das Meer!

Womit man fliegen kann

Klar gibt es Hexen! Im Harz findet man sie besonders häufig – in jedem besseren Souvenir-Shop! Kleine, auf Besen sitzende Frauenfigürchen, made in China. Und natürlich in der Nacht auf den 1. Mai, der so genannten Walpurgisnacht. Im Mittelalter war diese Nacht der Heiligen Walburga gewidmet, einer frühen Hexenjägerin. Heute ist sie eher das Gegenteil: die Kultnacht der Besenpilotinnen. Schon am Nachmittag des 30. April pilgern Zehntausende Hexen, Hexenmeister, Teufelchen und (seit es die Bücher und Filme mit dem Bis(s) gibt) ihre Verwandten, die Vampire, in die Region des Blocksbergs, auch bekannt als Brocken. Früher sollen sie ja von überall her auf ihren Besen dorthin geflogen sein, heute aber verstopfen sie mit ihren Autos die Zufahrtsstraßen zum „Mount Everest Norddeutschlands". Der Fortschritt ist auch nicht mehr das, was er mal war. Immerhin sehen die Höllengestalten noch traditionell aus: Die Damen vornehmlich mit spitzen Hüten, schwarzen Capes, langen (Papp-)Nasen und möglichst pittoresk zerlumpten Kleidern. Die Herren gern ganz in Schwarz, gelegentlich aber auch mal in Rot – dann aber „oben ohne" und mit kleinen Hörnchen auf dem Kopf. 364 Tage im Jahr gehen diese Wesen ganz normalen Berufen wie „Versicherungssachbearbeiter" oder „Feuerschluckerin" nach, an ganz unmystischen Orten wie Hannover oder Wanne-Eickel. Nur in dieser Nacht dürfen sie ihr wahres, infernalisches Gesicht zeigen und über die Stränge schlagen. Der klassische Treff-

Der Besen im Haus spart das Flugzeugticket!

punkt ist in Thale, am Hexentanzplatz, einem malerischen Hochplateau, umschlossen von den schroffen Felshängen des Mittelgebirges. Inzwischen gibt es in der Umgebung diverse Nachahmer-Partys – aber hier ist es immer noch am schönsten. Zum Warm-up mit Sonnenuntergang (wenn er denn in diesem Regengebiet herbeigehext werden konnte) und Talblick (den man nur hat, wenn der Nebellochzauber nuschelfrei ausgesprochen wurde) lodern bereits die ersten Lagerfeuer (wenn man genug trockenes Holz mitgebracht hat). Kräuterhexen bieten ihre Elexire an, orientalische gewürzte Speisen, die dem Döner sehr ähneln – aber natürlich doch ganz anders sind! Bier wird ausgeschenkt und Gaukler wie die Feuerschluckerin aus Wanne-Eickel gehen ihrem Handwerk nach. Allüberall ertönt Musik, die dem Gesang des Cerberus ebenbürtig ist, Tänzchen werden gewagt und alsbald auch Trance- und Techno-induziertes Gezappel. Gesellig geht es zu, rituell in vielen Formen, manchmal auch: erotisch. Denn mit fortschreitender Stunde und zunehmendem Rausch wird immer mehr nacktes Fleisch gezeigt – manch kleiner Belzebub soll hier im Tannenschatten gezeugt worden sein ...

So geht es bis an die Mitternacht. In alten Zeiten sattelten zu dieser Stund' die Wetterhexe, die Mittagshexe, die Mume Rumpumpel sowie all die anderen Damen des satanischen Gewerbes ihre Besen, um auf den Gipfel des Blocksbergs zu fliegen und dort ihre geheime Jahreshauptversammlung abzuhalten. Heutzutage geschieht stattdessen hier: nichts weiter. Alle bleiben da, wo sie sind. Physisch zumindest. Seit 1901 sind nämlich alle Festivitäten zur Walpurgisnacht auf dem Gipfel des Brocken offiziell verboten. Und daran hält man sich. Die Party gibt es nur im T(h)ale – so zumindest nimmt es der staunende Außenstehende wahr. Für ihn ergibt das auch Sinn: Was soll man den ersten, vielleicht schon halbwegs lauen Frühlingsabend auf einem Mittelgebirgsgipfel verbringen, der doch immerhin 1141 Meter über dem Meere liegt, kahl und ungeschützt ist – und sich zudem auch noch in einem chronischen Schlechtwettergebiet befindet? Damit hext man sich doch nur einen Schnupfen an! Und womöglich noch einen albernen Besen mit sich herumschleppen?

So schweben denn fast all die Hexen und Hexer, die am Fuße des Brocken lagern, imaginär um den Gipfel des Blocksbergs. Und kehren nach ihren geheimen Geschäften irgendwann zurück zu jenen, die auf dem Boden der Tatsachen in Thale geblieben sind. Wo übrigens die Party noch immer im Gange ist. Kalt ist es dann meist, am Ende der Nacht. Wer jetzt noch wach bleibt und langsam dabei ausnüchtert, erlebt vielleicht einen strahlenden Sonnenaufgang. Es ist das erste Licht des vielleicht schönsten Monats im Norden: Das erste Maienlicht in all seiner Klarheit. Alles davor ist nur wirrer Hexentraum.

Danksagung

Es ist immer wieder wunderbar, wenn Menschen einem bei der Verwirklichung so eines Buchprojekts helfen; wenn sie z.B. mit ihrem Fachwissen bereitstehen, einem ganz spontan Dinge ausleihen oder ad hoc als Model einspringen. So wie jene Persönlichkeiten, denen wir hier danken möchten:

FRIEDRICH AUGUST, der Chef vom Eselpark Nessendorf, und seinem Chefhengst Cesar. Bei den beiden und ihrem Team lernten wir eine Menge über das I-AAAH-Singen. Auch wenn es für eine Meisterschaft noch nicht reicht... *www.eselpark.de*

KATHI DAMEROW, die uns für die Bilder von Nanny ihre sensationellen Beine lieh. Wer den – nicht minder sensationellen – Rest der Schauspielerin sehen möchte, kann sie z.B. im St. Pauli Musical Heiße Ecke bestaunen.

DR. JOBST-WALTER DIETZ korrigierte all die kleinen Fehler, die sich in dem Artikel über die Hamelner Autos eingeschlichen hatten – und lieferte auch gleich noch die „Beweisfotos“ dazu. Die historische Automobilentwicklung Hamelns kann übrigens im Museum der Hamelner Automobilgeschichte auf dem HefeHof der Stadt besichtigt werden. *www.hefehof.de*

CORINNA ENDLICH UND IHR TEAM von der Stiftung Schleswig-Holsteinische Landesmuseen öffneten uns in Schloss Gottorf und dem angegliederten Haithabu Hütten, Schätze und Wunder. Zudem warf Frau Endlich auch noch einen kritischen Blick auf unsere Texte – um gleich danach zum Rock-Festival in Wacken abzureisen und dort angehende Wikinger im Rudern zu trainieren... *www.schloss-gottorf.de*

JENS NORDLOHNE, den seine Mutter „einen der wichtigsten Männer Kehdingens“ nennt, stellte uns die Chronik seines Gutes Ziegelhof zur Verfügung, in der Erstaunliches über die Mumien in der Elbe steht.

JAN-PETER PFLUG ließ uns ganz spontan Fotos zur Hamburger Schule in seinem Tonstudio machen. Auch wenn es etwas chaotisch aussieht: Hier produziert der Grimme Preisträger die Soundtracks für Filme und Werbespots! *www.tonzimmer.de*

HOLGER SCHMOLDT tauchte mit uns tief hinab in seiner Tauchbasis Kreidesee in Hemmoor. Man muss in diesen Mann einfach Vertrauen haben!
www.kreideseetaucher.de

JOCHEN WIEGANDT, eine Koryphäe des (norddeutschen) Volkslieds und Schlagers gab nützliche Tipps und Korrekturen zu allen Liedern, die man kennen muss.

DETLEF WUTSCHIK, der Herrn Momsen seine Stimme lieh, ihm zu Bewegung verhalf, uns mit seiner Göttin durch Norddeutschland chauffierte und am Ende sogar einige Texte schrieb...

Last, but not least danken wir **DR. MARTEN BRANDT**, unserem Lektor, dem „Anreger“ dieses Buches für die tolle Zusammenarbeit.

Und natürlich **ULF CARSTENSEN**, der alles optisch so genial gestaltet hat.

DANK EUCH ALLEN!
Ulfert Becker & Werner Momsen.

Bildnachweis

S. 7/8 Ulfert Becker im folgenden U. B. (2), **S. 9/8** Lupo_pixelio.de, Thomas Max Müller_pixelio.de, U. B. (2), **S. 11-13** U. B. (3), **S. 14-17** Illustration/Ulf Carstensen, **S. 18/19** U. B., **S. 20** Gabriele genannt Gabi Schoenemann_pixelio.de, **S. 22-25** U. B., **S. 26-27** Hans Peter Dehn_pixelio, **S. 28-31** U. B., **S. 32-35** Youtoart, Ulf Carstensen, U. B. (2), **S. 36/37** U. B., **S. 40** Carl Ludwig Jessen „Junges Mädchen" 1859. **S. 40/41** Żeglarz wiki Крузенштерн_Radich, **S. 42/43** U. B. (2), Krabbe2209_pixelio.de (u. l.), **S. 44/45** U. B. (2). Marco Maas/ fotografirma, **S. 46/47** Birgit Winter_pixelio.de (o.) Sybille Daden_pixelio.de, **S. 48-49** Jürgen Howaldt, Wikipedia.de, Creative Commons Attribution-Share Alike 2.0 Germany, stummi123_pixelio.de, **S. 50** U. B., Illus: Ulf Carstensen, **S. 52** Ulf Carstensen, **S. 54** U. B., **S. 55** birgitH_pixelio.de, **S. 56** Ich-und-Du_pixelio.de, Rosel Eckstein_pixelio.de , **S. 58/61** U. B., **S. 62** Holger Hollemann (2), Kassens Heiner_pixelio.de(u.r.), **S. 64-67** U. B., **S. 68-69** Bernd Sterzl_pixelio.de, Magnus Manske (This file is licensed under the Creative Commons Attribution-Share Alike 1.0 Generic), U. B., Waltraud Strobel_pixelio.de, Bernd Sterzl_pixelio.de, Lisa Schwarz_pixelio.de (von l. n. r.), **S. 70-73** U. B., **S. 74** U. B., **S. 76/77** Maret Hosemann_pixelio.de, U. B. (u.r.), **S. 78** Hans Snoek_pixelio.de, **S. 79** Nicole Kanning/worpswede.de, **S. 78/49** Thomas Bobaben/ pixelio.de, Marco Maas/fotografirma (re. o.), **S. 80-81** Maren Beßler_pixelio.de, Ulf Carstensen, **S. 82/83** U. B., **S. 84/85** Didi01_pixelio.de, Stephan Witt_pixelio.de (o. l.) , **S. 87** Alexander Klaus_pixelio.de, **S. 88/89, 90/91** Störtebeker Festspiele GmbH & Co.KG/Anna-Theresa Hick, U. B. (S. 91 u. r.), **S. 92/93** U. B., **S. 94/95** x-ray-andi_pixelio.de, Public Domain **96-99** U. B., **S. 100/101** Kenneth Brockmann_pixelio.de, Freundlicher Weise zur Verfügung gestellt von Dr. Jobst-Walter Dietz, Museum der Hamelner Autogeschichte **S. 102/103** Rainer Sturm_pixelio.de, Blaues Sofa (o. l., This file is licensed under the Creative Commons Attribution 2.0 Generic license), Thomas Mann 1937 Carl van Vechten (re.) **S. 104/105** I. Glöckel_pixelio.de., Daniel Pittner_pixelio.de (m. l.), U. B. (u. l.) **S. 106/107** sprisi_pixelio.de, **S. 108/109** HFB Fotos HH_pixelio.de, U. B. (2, o. l., u. r.), **S. 110/111** Bernd Sterzl_pixelio.de, **S. 114/115** Rainer Sturm_pixelio.de, **S. 118-119** Erik Wagner_pixelio.de, Im Uhrzeigersinn: Sabine Menge_pixelio.de, Dieter Kaiser_pixelio.de, Kerstin Nimmerrichter_pixelio.de, PeterA_pixelio.de, Jürgen Nießen_pixelio.de, MEG_pixelio.de **S. 120/121** Rainer Klinke_pixelio.de (li.), jean jannon_pixelio.de (re)., **S. 122** U. B., **S. 124-127** U. B., **S. 128** Dieter Schütz_pixelio.de, **S. 129** Horst Schröder_pixelio.de, **S. 130** U. B., , **S. 132/133** Privatarchiv Jochen Wiegand,**S. 134** Arkadius Neumann_pixelio.de (li. und auf den folgenden Seiten), w.r.wagner_pixelio.de (li. und auf den folgenden Seiten) **S. 135-137** U. B. **S. 138/139** Dieter Schütz_pixelio.de, Werner Anders_pixelio.de (o. l.), ehuth_pixelio.de, **S. 140/141** berwis_pixelio.de, Eiswette2008-13_Jürgen Howaldt, Wikipedia.de, Creative Commons Attribution-Share Alike 2.0 Germany, **S. 142/143** berwis_pixelio.de, Susanne Schmich_pixelio.de (li.), Sabine Holzke_pixelio.de, **S. 144/155** Rainer Sturm_pixelio.de (o.), Peter Smola_pixelio.de (u.), U. B. (li.), w.r.wagner_pixelio.de, **S. 146** Herbert Käfer_pixelio.de , **S. 148/149** Gerd Pöhlmann_pixelio.de, U. B. (re.), **S. 150/151** Aargon_pixelio.de, Robert